# Theoretische Grundlagen

# Wozu benötige ich einen Unterrichtsabschluss – die Stunde ist doch mit dem Klingeln vorbei?!

Wie im Vorwort karikiert, findet in vielen Situationen kein solider Unterrichtsabschluss statt. Dabei ist es wichtig, dass eine gute Stunde auch durch einen sinnvollen und ergiebigen Schluss abgerundet wird.

Ohne Abschluss bleiben Fragen offen, Nichtverstandenes bleibt ungeklärt, Reflexionen verpuffen: Es entsteht ein „Bruch" im Tagesverlauf, der die Schüler irritieren und dazu führen kann, dass das Gelernte der Stunde schnell wieder vergessen wird oder gar nicht erst verinnerlicht wird. Aus diesem Grund ist es wichtig, sich einen kurzen Überblick über den Begriff des Unterrichtsabschlusses sowie seine Funktionen und didaktischen Kriterien zu verschaffen.

## Begriffsklärung und Definition: Unterrichtsabschluss

In der Regel ist der zeitgemäße Unterricht viergeteilt: Einstieg/Orientierung, Erarbeitung, Übung und Unterrichtsabschluss. In diesem Werk wird die Definition für den Unterrichtsabschluss bewusst offen angewandt, um die Vielseitigkeit der Abschlüsse zu wahren.

Dadurch ergibt sich folgende Definition für die vorgestellten Abschlüsse in diesem Buch:

> Zum Unterrichtsabschluss gehören alle Unterrichtsteile, die sich an die Erarbeitungs- bzw. Übungsphase anschließen – also den Abschluss der Stunde einleiten oder zum Ausklang geeignet sind.

Somit kann die Abschlussphase auch in mehrere Unterphasen unterteilt sein. Teilweise können Übungsphasen in den Unterrichtsabschluss integriert sein. Welche unterschiedlichen Funktionen der Unterrichtsabschluss haben kann, werde ich nachfolgend erläutern.

In diesem Werk werden sowohl Ideen beschrieben, die sich zum Abschluss einzelner Stunden eignen, als auch Ideen, die am Ende einer längeren Unterrichtsreihe stehen. Welche Ideen wofür genutzt werden können, zeigt Ihnen der Ideenfinder (ab S. 142).

Alexandra Ferrarÿ

# 77 effektive Unterrichtsabschlüsse für die GRUNDSCHULE

Verlag an der Ruhr

## Impressum

**Titel**
77 effektive Unterrichtsabschlüsse für die Grundschule

**Autorin**
Alexandra Ferrarÿ

**Titelbildmotiv, Kapiteldeckblatt, Paginierung**
© Alexandr Mitiuc – stock.adobe.com (Würfel)

**Illustrationen im Innenteil**
S. 3, 5, 10, 141 © Alexandr Mitiuc – stock.adobe.com (Würfel);
S. 14, 33, 68, 76, 78, 82, 95, 118 © tuulijumala (Zettelecke)
– Fotolia.com; ansonsten siehe Angaben direkt am Bild

**Druck**
Heenemann GmbH & Co. KG, Berlin, DE

**Verlag an der Ruhr**
Mülheim an der Ruhr
www.verlagruhr.de

**Geeignet für die Klassen 1 – 4**

Ein anderer Titel aus dieser Reihe
ISBN 978-3-8346-2428-4

**ISBN 978-3-8346-2473-4**

# Inhaltsverzeichnis

# Einleitung

In meiner eigenen Oberschullaufbahn entwickelten wir Schüler* im PW-Unterricht einen ganz eigenen Unterrichtsabschluss: Circa zehn Minuten vor Stundenschluss begannen wir, unsere Hefter und Federtaschen einzupacken. Der Lehrer sah dies als Zeichen, seinen Unterricht mit einer knappen Zusammenfassung möglichst kurz abzuschließen und damit das Unterrichtsende bekanntzugeben – häufig mehr als fünf Minuten vor dem Klingeln …

Viele Schüler sind kurz vor Stundenende schon so auf das Unterrichtsende und die kommende Pause eingestimmt, dass die Aufmerksamkeit rapide sinkt. Für den Lehrer wiederum kommt das Stundenende häufig überraschend schnell: Wollte man nicht noch dies schaffen und das aufschreiben lassen? Die Hausaufgaben sind auch noch nicht notiert und es liegen überall Materialien herum.

Nur wenn der Unterrichtsabschluss in der Stundenplanung einen adäquaten Raum erhält, werden die Schüler ihn auch als solchen wahrnehmen und ihm eine entsprechende Bedeutung beimessen. Oder anders gesagt: Zu einer guten Stunde gehört auch ein guter Schluss! Das vorliegende Werk soll dazu eine Vielzahl unterschiedlicher Ideen geben.

Ergänzend zum Band „77 motivierende Unterrichtseinstiege" (Best.-Nr. 62428) werden in diesem Buch Ideen aufgezeigt, mit denen der Abschluss spannend und abwechslungsreich gestaltet werden kann. Dabei finden sich sowohl Stundenabschlüsse sowie Abschlüsse für ganze Unterrichtseinheiten. Auch zwei Ideen für einen Jahresabschluss sind enthalten.

Die meisten Ideen stehen für eine hohe Schüleraktivität. Allerdings habe ich auch der Vollständigkeit halber einige klassische, eher lehrerzentrierte Abschlüsse mit aufgenommen.

Um Begriffe abzugrenzen sowie Grundlagen zu sichern, ist den Ideen ein kurzer theoretischer Teil vorangestellt.

Diesem folgen die Ideen, die gemäß ihrer Funktion in verschiedene Kapitel unterteilt sind. Natürlich können einige Ideen auch mehrere Funktionen haben. In diesem Fall habe ich sie ihrer Hauptfunktion zugeordnet.

Die Ideen sollen Anregungen sein, die nach Ihren Bedürfnissen und Möglichkeiten verändert werden können und sollen. Deshalb habe ich meist Ideen gewählt, die für viele Fächer und Klassenstufen – teilweise leicht abgewandelt – eingesetzt werden können.

Zur besseren Orientierung und zur konkreten Suche nach einzelnen Ideen ist dem Werk wieder ein „Ideenfinder" (S. 142) sowie ein alphabetisches Verzeichnis (S. 146) mit teilweise synonymen Namen der Ideen angefügt.

Einige Ideen sind natürlich auch für andere Phasen des Unterrichts nutzbar und finden sich somit auch in anderen Werken oder Ideensammlungen wieder.

Ich hoffe, Ihnen mit diesem Werk Lust darauf zu machen, die Stunde nicht mit einem hektischen, einseitigen Gruß zu beenden, sondern den Unterrichtsabschluss als bewusste Phase wahrzunehmen und zu gestalten!

Alexandra Ferrarÿ

** Aus Gründen der besseren Lesbarkeit haben wir in diesem Buch durchgehend die männliche Form verwendet. Natürlich sind damit auch immer Frauen und Mädchen gemeint, also Lehrerinnen, Schülerinnen etc.*

Der Abschluss sollte auf jeden Fall die Relation von Zeit, Aufwand und Nutzen berücksichtigen: Je länger und aufwändiger das Erarbeiten der Lerninhalte war, desto mehr Zeit sollten Sie auch in den Unterrichtsabschluss investieren.

So ist es z. B. nicht sinnvoll, gerade neu eingeführte Vokabeln in einem aufwändig vorbereiteten Quiz eine halbe Stunde lang abzuprüfen, während es durchaus angebracht sein kann, die Schüler zum Abschluss einer längeren Unterrichtsreihe eine Stunde lang ein eigenes Quiz erarbeiten zu lassen.

## Funktionen des Unterrichtsabschlusses

Wie bereits angedeutet, kann der Unterrichtsabschluss verschiedene Funktionen haben. Im Folgenden nenne ich die wichtigsten. Ich beschränke mich dabei auf allgemeine Funktionen. Einzelne Abschlüsse können natürlich auch jeweils weitere spezielle Funktionen oder Ziele haben.

Der Unterrichtsabschluss soll

- die Konzentrationsfähigkeit noch einmal fördern,
- der Zusammenfassung und Wiederholung dienen,
- die Protokollierung (Ergebnissicherung) und Dokumentation ermöglichen oder unterstützen,
- Inhalte zusammenfassen, ergänzen und vervollständigen,
- Erlebtes noch einmal reflektieren,
- Möglichkeit zur Korrektur geben,
- Raum zu Auswertung und Kritik geben,
- eine Möglichkeit zur übenden Wiederholung geben,
- zur Veröffentlichung und Würdigung dienen,
- Leistungsbeurteilung und Feedback ermöglichen,
- helfen, Gelerntes anzuwenden, sowie
- ermöglichen, sich (mit Ritualen) zu verabschieden.

Im Anschluss kann ggf. eine Aussicht auf die kommende Stunde folgen.

Die von mir gewählte Reihenfolge hat keine hierarchische Bedeutung.
Zur besseren Übersichtlichkeit habe ich die Ideen in Kapitel unterteilt, die den Hauptfunktionen entsprechen. Folgende Kategorien werden unterschieden:

- Methoden zur Ergebnissicherung
- Präsentationsformen
- Rituale
- Spiele zum Unterrichtsabschluss

- Reflexion und Feedback
- Ideen zur Anwendung/Bezug zur Außenwelt

Es ist auch möglich, dass mehrere Ideen aus verschiedenen Kategorien zusammen den Abschluss bilden.

# Didaktische Kriterien für einen guten Unterrichtsabschluss

Der Unterrichtsabschluss sollte vier didaktische Kriterien erfüllen:

1. **Erarbeitete Inhalte werden nachvollziehbar gemacht.**
   Die Nachvollziehbarkeit und Transparenz bilden eine wichtige Grundlage für alle direkten (Schüler, Lehrer) und indirekten (Eltern, Nachhilfelehrer usw.) Beteiligten. Durch die Dokumentation wird erkennbar, welche Inhalte wirklich relevant sind. Schüler können sich daran für Klassenarbeiten oder Leistungsüberprüfungen orientieren. Durch die Dokumentation können sogar Personen, die nicht am Unterricht teilgenommen haben (z. B. wegen Krankheit oder aber auch Eltern), nachvollziehen, welche Inhalte wichtig sind. Eine Schülerdokumentation bietet wiederum dem Lehrer die Möglichkeit, zu prüfen, ob die Inhalte, die er vermitteln wollte, auch von den Schülern erfasst wurden. Aus diesem Grund sollte die Ergebnissicherung nicht einseitig vom Lehrer vorgegeben, sondern im Unterrichtsverlauf erarbeitet werden. Dadurch wird auch der Erarbeitungsprozess transparent.

2. **Die erzielten Ergebnisse werden gefestigt, geübt und vertieft.** Die Festigung stellt sicherlich einen Schwerpunkt des Abschlusses dar. Zeitgemäßer Unterricht sollte neben einer stofflichen Festigung auch immer wieder die Übung von Kompetenzen sowie Methodentraining berücksichtigen. Dementsprechend müssen die Übungen produktiv und nicht zu stark lehrergelenkt sein. Ich werde dazu einige Möglichkeiten konkret vorstellen (insbesondere Ideen 5–15). Natürlich gibt es aber auch Inhalte, die durch reproduktives Üben gefestigt werden müssen (z. B. Einmaleins oder Vokabeln). Für diese Übungen gebe ich einige Beispiele, die die Motivation für diesen anstrengenden und teilweise ermüdenden Teil des Lernens steigern sollen.

3. **Die erzielten Ergebnisse werden veröffentlicht und kritisch bewertet.**
   Niemand arbeitet gern „für die Schublade". Es ist wichtig, insbesondere selbstständig erlangte Ergebnisse öffentlich zu machen und zu teilen. Durch die Veröffentlichung wird die Arbeit wertgeschätzt und gelobt, aber auch kritisch reflektiert und eventuell Änderungs- und Verbesserungsvorschläge angebracht.

Dieses Vorgehen führt zu einem weiteren Kriterium:

4. **Das eigene Arbeits- und Lernverhalten sowie die Ergebnisse werden reflektiert.**
   Durch die gemeinsame Verständigung über Erfolge und Misserfolge sowie über Erarbeitetes und Schwierigkeiten während des Lernprozesses lernt der Schüler, sich selbst mit seinen eigenen Fähigkeiten innerhalb des Klassenverbandes einzuschätzen.

# 77 effektive Unterrichtsabschlüsse

# Ideen 1–15

# Ergebnissicherung

Mithilfe der Ergebnissicherung werden die zu vermittelnden Ergebnisse der Stunde oder Reihe noch einmal zusammengefasst. Teilweise erfolgt auch eine Wertung oder Beurteilung der Inhalte. Im problem- oder handlungsorientierten Unterricht sollte darauf geachtet werden, dass die Schüler an der Ergebnissicherung beteiligt sind. Dadurch wird sie auf der einen Seite nachhaltiger, auf der anderen Seite stellt der Lehrer sicher, dass geplante Ziele auch von den Schülern erreicht wurden.

## 1 Mündliche Zusammenfassung (Lehrervortrag)

Die mündliche Zusammenfassung durch den Lehrer ist wohl eine der banalsten, aber auch verbreitetsten Abschlüsse. Sie kann sowohl am Ende einer Stunde als auch einer gesamten Unterrichtsreihe stehen.

### Ziele

Der Lehrer fasst noch einmal zusammen, welche Unterrichtsergebnisse für ihn wichtig sind. Es werden also verbindliche Unterrichtsinhalte geschaffen, auf die sich die Schüler verlassen und einstellen können. Diese Inhalte sind für Leistungskontrollen bindend.

### Vorbereitung

Überlegen Sie sich, welche Inhalte für Sie relevant sind.

### So geht's

Fassen Sie die wichtigen Inhalte kurz zusammen. Die Aussagen müssen so kurz und prägnant sein, dass für die Schüler klar erkennbar ist, welche Kernthesen des Themas wichtig sind.

**Tipps**

Da sich der Lehrervortrag weitgehend auf eine Zusammenfassung der kognitiven Stundenziele beschränkt und die Schüler nicht aktiv an der Ergebnissicherung beteiligt sind, besteht die Gefahr, dass sie sich nicht angesprochen fühlen oder abgelenkt sind. Außerdem ist für den Lehrer nicht kontrollierbar, ob Punkte, die ihm wichtig sind, bei den Schülern angekommen sind. Deshalb sollte diese Form des Abschlusses möglichst selten gewählt werden.

Eine Variante ist das gelenkte Unterrichtsgespräch, in dem der Lehrer mithilfe der Gesprächsführung wichtige Inhalte von den Schülern widerholen lässt. Der Nachteil dieser Form liegt darin, dass nur wenige Schüler beteiligt sind, was ebenfalls die Leistungsmessung erschwert.

Zur besseren Transparenz kann es ratsam sein, verbindliche Unterrichtsinhalte, insbesondere im Hinblick auf Klassenarbeiten und andere Leistungskontrollen oder auch auf fehlende Schüler, zu verschriftlichen. Dadurch wird sichergestellt, dass allen Schülern relevante Inhalte bekannt sind. Für Eltern wird der Stoff auf diese Weise ebenso nachvollziehbar. Die folgenden Ideen geben Anregungen, wie eine Verschriftlichung vonstattengehen kann.
Zum Abschluss einer Unterrichtseinheit sowie vor größeren Leistungskontrollen habe ich es mir außerdem angewöhnt, einen kurzen schriftlichen Überblick über Inhalte und Kompetenzen, die die Schüler am Ende der Einheit beherrschen sollten, auszugeben. Alternativ können auch zu Beginn einer Einheit mit den Schülern Ziele festgelegt werden, die in der Einheit erreicht werden sollen.

# 2 Schriftliche Zusammenfassung durch Tafeltext oder Lehrerdiktat

Diese Idee ist die einfachste Form, Inhalte schriftlich festzuhalten. Allerdings ist sie meist einseitig lehrergelenkt und weist damit ähnliche Schwächen auf wie die erste Idee.

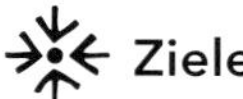

### Ziele

Die Methode stellt sicher, dass den Schülern alle wichtigen Ergebnisse in schriftlicher Form vorliegen.

### Vorbereitung

Bereiten Sie eine Zusammenfassung vor, die in Art und Umfang so gestaltet ist, dass die Schüler sie aufschreiben können.

### So geht's

Diktieren Sie den vorher ausgearbeiteten Text oder schreiben Sie diesen an die Tafel. Die Schüler übertragen den Text.

### Tipps

Ähnlich wie bei der mündlichen Zusammenfassung sind die Schüler bei dieser Methode nicht oder nur minimal involviert. Dementsprechend ist nicht erkennbar, ob sie Ziele erreicht und den Weg dorthin verstanden haben. Sinnvoller ist es, den Text nicht vorzuformulieren, sondern die Schüler diesen erarbeiten zu lassen und sich gemeinsam verbindlich auf einen von den Schülern formulierten Text zu einigen.
Weitere Schwierigkeiten können durch ein unterschiedliches Schreibtempo sowie orthografische Probleme beim Diktat auftreten. Ich halte es dennoch für richtig, das Abschreiben oder Diktieren von Texten auch mithilfe von Stundenzusammenfassungen oder Definitionen zu üben. Aus diesem Grund würde ich nicht auf das Abschreiben verzichten wollen, sondern eine sinnvolle weiterführende Aufgabe für schnelle Schreiber stellen.

## 3 Simultanprotokoll

Um den Unterrichtsverlauf aus Schülersicht zu dokumentieren und damit nachvollziehbar zu machen, bietet sich die Möglichkeit eines Simultanprotokolls in Form einer Wandzeitung an. Ein Simultanprotokoll kann sowohl eine Stunde als auch eine gesamte Einheit widerspiegeln.

## Ziele

Der Unterrichtsverlauf wird für alle sichtbar und damit nachvollziehbar gemacht.

Zusätzlich können Unterrichtsziele für alle sichtbar verbindlich festgehalten werden. Das Protokoll ist für alle die gesamte Zeit über sichtbar und soll dementsprechend auch von allen mitgestaltet werden.

## Vorbereitung

An der Wand wird ein Plakat oder ein Stück Tapete befestigt, auf dem geschrieben werden kann. Zum Beschreiben werden dicke Filzstifte benötigt.

Ggf. können vorher Schüler festgelegt werden, die den Verlauf der Stunde protokollieren und am Stundenende oder auch Einheitsende eine Zusammenfassung geben.

## So geht's

Ein oder mehrere Schüler protokollieren während der verschiedenen Unterrichtsphasen den Stundenverlauf. Dabei ist es möglich, nicht nur kognitive Ziele festzuhalten, sondern ebenso angewandte Methoden.

Eine interessante Erweiterung bietet die Protokollierung der sozialen Dimension: Hier könnte z. B. vorher vereinbart werden, dass die Lautstärke während der einzelnen Unterrichtsphasen protokolliert wird. Abschließend wird diese dann ausgewertet und ggf. weitere Maßnahmen für die nächste Stunde vereinbart.

## Tipps

Die Methode bietet sich besonders an, wenn arbeitsteilig gearbeitet wird. Aus jeder Gruppe protokolliert ein Schüler die Arbeitsschritte. Dadurch haben die Schüler bereits einen Überblick darüber, welche Ziele in anderen Gruppen erreicht wurden. Außerdem wird die abschließende Zusammenfassung visuell unterstützt. Ergänzend können auch Schülerergebnisse, wie Poster oder Bilder, ergänzt werden. Auf diese Weise werden sowohl Ergebnisse als auch die Vorgehensweise sichtbar gemacht.

# 4 Protokoll

Das Anfertigen von Protokollen stellt spätestens in weiterführenden Schulen eine wichtige Kompetenz dar. Deshalb sollte es schon in der Grundschule angebahnt werden. Protokolle sollten für alle Schüler zugänglich aufbewahrt werden. Auf diese Weise kann ein Kind, das gefehlt hat, Unterrichtsinhalte relativ einfach nachvollziehen.

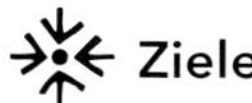

## Ziele

Die Schüler lernen, wichtige Unterrichtsaspekte herauszufiltern und diese chronologisch festzuhalten.

## Vorbereitung

Je ungeübter und jünger die Schüler sind, desto stärkere Hilfestellung benötigen sie. Eventuell ist es sinnvoll, den Schülern einen Leitfaden mit Fragen zu geben, an dem sie sich im Verlauf der Stunde orientieren können.

## So geht's

Üben Sie mit Ihren Schülern das Protokollieren kürzerer Phasen. Geben Sie Ihnen dazu Hilfen (z. B. W-Fragen oder Phaseneinteilung vorgeben). Besprechen Sie am Stundenende offene Fragen. Geben Sie auch Hilfestellungen bezüglich des formalen Aussehens, der Dokumentation sowie ggf. des Vortragens des Protokolls. Natürlich bietet sich hierzu das Fach Sachunterricht besonders an. Es können Protokolle von kleinen Versuchen angefertigt werden. Auch die Protokollierung des täglichen Wetters ist denkbar.

Ein vollständiges Protokoll sollte die Punkte
- Problemstellung/Frage,
- evtl. Hypothese,
- Materialien/Aufbau,
- (Idee zur) Durchführung,
- Beobachtung,
- Ergebnis/Auswertung/Schlussfolgerung/Beantwortung der Frage
- und evtl. veränderte Fragestellung/neue Hypothese

berücksichtigen.

Sind die Schüler mit den Punkten noch nicht so vertraut, können diese teilweise oder vollständig vorgegeben werden.

Ein besonderes Augenmerk sollte dabei immer wieder auf die Unterscheidung von Beobachtung und Ergebnis gelegt werden: Die Beobachtung beschreibt lediglich das, was wahrnehmbar ist (z. B. was man sehen, riechen und hören kann), während im Ergebnis Schlussfolgerungen gezogen und mit vorhandenem Wissen verknüpft werden können.

Ein weiterer Übungsschwerpunkt sollte auf dem Anfertigen von Zeichnungen liegen. Hier kommt es nicht darauf an, wer besonders bunt oder völlig genau zeichnet, sondern dass die wichtigen Dinge und Merkmale dargestellt sind. Außerdem sollte auf eine ausreichende Größe der Zeichnung geachtet werden.

### Tipps

Statt eines Protokolls kann von jüngeren Schülern auch ein Erlebnisbericht angefertigt und abschließend besprochen werden.

In einer Protokollvariante ist es auch vorstellbar, dass ein Schüler die Mitarbeit der Mitschüler protokolliert oder dass die Lautstärke in der Klasse protokolliert und abschließend ausgewertet wird. In diesem Fall ist es nicht nötig, dass alle Schüler ein Protokoll anfertigen.

Das Protokoll kann zwar die Stunde abschließen, es ist jedoch ebenfalls sinnvoll, es als Hausarbeit anfertigen zu lassen, da das Anfertigen gerade in den unteren Klassen sehr viel Zeit in Anspruch nimmt. In diesem Falle sollte das Protokoll zum nächsten Stundenbeginn thematisiert werden. Nur geprüfte und für sachlich richtig befundene Protokolle sollten der Schülerschaft zugänglich gemacht werden, damit Schüler sich keine falschen Inhalte einprägen.

# 5 Eigene Aufgaben entwickeln

Eine kreative Methode, eine Stunde oder Unterrichtseinheit abzuschließen, ist, die Schüler selbst Aufgaben zum erarbeiteten Thema entwickeln zu lassen.

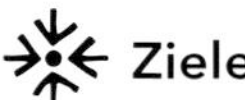

## Ziele

Die Schüler setzen sich intensiv mit dem gelernten Stoff auseinander und wenden ihn an. Für den Lehrer wird sichtbar, wer die Inhalte verstanden hat und an welchen Stellen noch Klärungsbedarf besteht.

## Vorbereitung

Die Vorbereitung hängt stark von den Inhalten und den zu entwickelnden Aufgaben ab.

## So geht's

Geben Sie den Schülern den Auftrag, das Erlernte anzuwenden, indem sie selber Aufgaben entwickeln sollen. Die konkrete Aufgabenstellung hängt vom Thema ab. Denkbar sind das Erstellen eigener Zahlenmauern, Silben- oder Zahlenrätsel, geometrische Aufgaben (Würfelnetze anfertigen oder Ansichten nachbauen), Knobelaufgaben, aber auch die Entwicklung eines Quiz oder Dominos mit erarbeiteten Inhalten. In einem zweiten Schritt sucht sich der Schüler zwei oder drei Mitschüler aus, die seine Aufgabe bearbeiten sollen. Ähnlich wie bei einer Schreibkonferenz geben sie dem Schüler ein Feedback, ob seine Aufgabe richtig und sinnvoll gelungen ist oder ob es Verständnisprobleme oder Schwierigkeiten bei der Lösung gibt.
Hat die Aufgabe die Prüfung bestanden, schreibt der Erfinder sie sorgfältig auf eine Karteikarte und veröffentlicht diese in der Klasse.

## Tipps

Die selbst gestalteten Aufgaben können einen festen Platz im Klassenraum haben, an dem sie den Schülern zu jeder Zeit frei zugänglich sind. Ist ein Schüler mit seinem Stundenpensum fertig, kann er sich eine Aufgabe wählen und diese bearbeiten.

# 6 Gesprächskreis

Insbesondere beim Abschluss geöffneter Phasen kommt dem Gesprächskreis eine zentrale Bedeutung zu, da hier das individuelle und selbstständige Arbeiten strukturiert und zusammengeführt wird.

Einer der wichtigsten Motivationsgründe für die Arbeit ist es, Ergebnisse zu veröffentlichen und das neu erworbene Wissen zu teilen. Wer kennt nicht den Unterschied zwischen der Motivation einer Examens- oder Masterarbeit, die nach der Durchsicht in der Versenkung verschwand, und einer „echten" Veröffentlichung. Genauso wichtig ist es für Schüler, ihre Arbeitsergebnisse zu präsentieren und dafür Anerkennung und ein ehrliches Feedback zu erhalten. Hierfür eignet sich der Kreis hervorragend.

Auch für die Würdigung von Arbeitsergebnissen ist der Kreis aufgrund seiner vorgegebenen Struktur ohne hierarchische Ordnung (jeder ist gleich weit von der Mitte entfernt und jeder sieht jeden) von Vorteil.

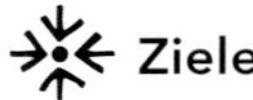

## Ziele

Der Kreis kann verschiedene Ziele haben:

- Er dient zum **Austausch**, einerseits über Erlebtes, andererseits zur Vorstellung von Arbeitsergebnissen.
- Durch Berichte über den Arbeitsverlauf wird die Neugier der anderen Schüler geweckt und es werden vielfältige **Anregungen** gegeben.
- **Schülerergebnisse** werden **vorgestellt** und **gewürdigt**.
- Es können gemeinsame **Absprachen** getroffen werden.
- Das **soziale Lernen** wird gefördert, da im Kreis Entscheidungen getroffen und Lösungsansätze diskutiert werden können.
- Er dient der **Reflexion** von Lernwegen oder Methoden.

## Vorbereitung

Gestalten Sie den Raum so, dass zumindest die Bildung einer ovalen Form kurzfristig möglich ist, bei der keiner außerhalb in zweiter Reihe sitzt.

## So geht's

Planen Sie genügend Zeit für Kreise ein. Besonders die Ergebnispräsentation mit Würdigung und Einschätzung ist sehr wichtig. Nur die kontinuierliche Präsentation sorgt dafür, dass die Schüler weiterhin motiviert sind, angestrengt zu arbeiten.

Wird Schülern versprochen, dass z. B. ihre Geschichte vorgelesen wird, die Zeit dann dafür jedoch nicht reicht, wird die Motivation sehr schnell sinken.
Es kann sinnvoll sein, Kreisregeln zu erarbeiten und einen Sprecher zu wählen, der durch das Gespräch führt bzw. auf die Einhaltung der Regeln achtet.
Neben einer Präsentation von Arbeitsergebnissen kann der Gesprächskreis auch für Reflexionen von Lösungswegen, Herangehensweisen, Methoden und Arbeitsschritten dienen.
Leitfragen können hierbei sein:

- Wie hat die Zusammenarbeit funktioniert?
- Habt ihr euer Ziel erreicht? Warum? Warum nicht?
- Welcher Lösungsweg für Aufgabe XY war erfolgreich? Welcher nicht? Warum?
- Bewertet die eingesetzten Methoden im Arbeitsschritt XY.
- Was war eine gute Strategie, um XY zu erreichen? usw.

Zielgerichtete Reflexionen müssen natürlich gerade bei jüngeren Schülern regelmäßig geübt und ritualisiert werden. Dazu bieten sich Hilfestellungen, wie Reflexionskarten mit vorformulierten Satzanfängen, an, z. B. „Mir hat gut gefallen, dass … – 88 Impulskarten für gezielte und begründete Reflexionen" (Best.-Nr. 62309) oder „Klasse präsentiert – 136 Beobachtungs- und Feedback-Karten für Präsentationen" (Best.-Nr. 62436) – beide erhältlich beim Verlag an der Ruhr.

## Tipps

Es ist nicht immer notwendig, dass alle Schüler an jedem Kreis teilnehmen. Differenzieren Sie, wann es wichtig ist, dass alle Schüler dabei sind, und wann sie die Freiheit haben, nicht am Kreis teilzunehmen. Drängen Sie die Schüler möglichst nicht, sich zu beteiligen. Hinterfragen Sie aber bei einzelnen Schülern, die sich gar nicht beteiligen, die Hintergründe (besser im Zweiergespräch als vor allen anderen im Kreis).

# 7 Lehrfilm

Das Zeigen von Film- oder Fernsehausschnitten motiviert die Schüler meist sehr – schließlich ist das Fernsehschauen emotional stark mit „Freizeit" verknüpft. Die Bereitschaft, konzentriert hinzuhören und hinzuschauen, ist daher meist höher als bei der mündlichen oder schriftlichen Informationsvermittlung. Auch wenn das Schulfernsehen wieder aus der Mode gekommen ist, so gibt es kein Schulfach und kaum ein Unterrichtsthema, zu dem nicht hochwertige Lehrfilme existieren. Gerade mit Einzug der interaktiven Whiteboards in die Klassenräume wird das Vorzeigen erleichtert, da die Organisation eines Fernsehers und dazugehörigen DVD-Players entfällt, der oft mit vielen anderen geteilt und erst in den Raum geholt werden muss.

Überlegen Sie, in welcher Phase des Unterrichts der Einsatz des Filmes am sinnvollsten ist. Es gibt Themenbereiche oder aber auch Filme, die zum Einstieg geeignet sind, aber auch viele Situationen, in denen der Film (oder ein Film-Ausschnitt, damit es nicht zu lange dauert) den Abschluss der Stunde oder Einheit bildet.

### Ziele

In Filmen können Inhalte erklärt, zusammengefasst, veranschaulicht oder auch als Modell gezeigt werden.

### Vorbereitung

Informieren Sie sich bei den zuständigen Medienstellen oder im Internet, welche Filme es für Ihr Thema gibt. Mittlerweile lassen sich auch schon einige brauchbare Medien frei verfügbar im Internet (z. B. auf Youtube) finden. Beachten Sie dabei Altersfreigaben sowie rechtliche Voraussetzungen.

### So geht's

Zeigen Sie zum Abschluss Ihrer Unterrichtseinheit oder Stunde Ihren ausgewählten Film oder Filmausschnitt zur Verdeutlichung der Zusammenhänge Ihres Themas. Um Gegensätze aufzuzeigen, kann auch im Anschluss an das Lesen eines Buches der gleichnamige Film gezeigt werden.
In allen Fällen ist es wichtig, unbedingt auf das Gezeigte einzugehen und den

Film nicht unkommentiert stehen zu lassen. Im Idealfall schließt sich nach dem Filmschauen noch eine Reflexion des Themas an. Leitfragen können hier sein:

- Welche Antworten hat der Film zusätzlich zu unseren Unterrichtsinhalten gegeben?
- Was versteht ihr jetzt besser als vorher?
- Bewertet den Film in Hinblick auf Verständlichkeit, Anschaulichkeit ...

Ein Film ist allerdings immer ein vorgefertigtes Medium und kann damit niemals optimal auf die Lernvoraussetzungen aller Schüler zugeschnitten sein.

**Tipps**

Beachten Sie Liefer- und Rückgabezeiten. Insbesondere bei Medien, die Sie über schulische Medienstellen (Landesbildstelle, Bundeszentrale für gesundheitliche Aufklärung o. Ä.) erhalten, erfolgt die Lieferung und Abholung nur an ganz bestimmten Tagen. Beliebte Medien sind dazu häufig im Umlauf und müssen vorbestellt werden. Planen Sie dementsprechend ausreichend Zeit für die Beschaffung ein.

Viele private Vereine oder auch Firmen (z. B. Blindenmission, World Vision, Wasserwerke, Energieversorger, Müllentsorger) bieten mittlerweile teilweise sehr gute unterstützende Unterrichtsmaterialien für ihre Bereiche an. Informieren Sie sich bei den entsprechenden Stellen oder im Internet, wo sie Filme erhalten können.

Abb.: Magnus Siemens

# 8 Kartenabfrage

Die Methode eignet sich sowohl zum Abschluss einer Stunde als auch als Abschluss einer Unterrichtseinheit.

## Ziele

Mithilfe der Kartenabfrage sollen Wissenslücken oder Zusammenhänge, die nicht verstanden wurden, aufgedeckt und daraus Konsequenzen für die kommende Unterrichtsstunde abgeleitet werden.

## Vorbereitung

Fertigen Sie Karten an, auf denen die Schüler folgende Aussagen notieren können: „Das habe ich nicht verstanden“, „Dazu habe ich noch folgende Fragen“, „Das interessiert mich weiterführend“.

## So geht's

Die Schüler notieren in Einzelarbeit ihre Wissenslücken und Fragen auf den einzelnen Karten. Die Karten werden eingesammelt und von Ihnen ausgewertet. Sie bilden die Grundlage für den weiteren Verlauf der Einheit und sollten zum Beginn der nächsten Stunde aufgegriffen werden.

## Tipps

Alternativ kann anstelle der Karten ein Poster genutzt werden, das für alle sichtbar ausgehängt wird und auf das die Schüler ihre Fragen schreiben. Die Idee eignet sich besonders als Abschluss einer Einheit und Vorbereitung auf eine Klassenarbeit: Die Schüler sind eigentlich mit dem Stoff vertraut, haben diesen schon gelernt und können nun ihre offenen Fragen stellen.

# 9 Stopp!

Die Idee ist eine Variante des gelenkten Unterrichtsgespräches. Durch die Interaktion der Schüler sowie den Überraschungseffekt, wann das Stichwort genannt wird, soll die Aufmerksamkeit erhöht werden.

### Ziele

Erarbeitete Inhalte werden wiederholt und zusammengefasst.

### Vorbereitung

Bereiten Sie Karteikarten mit Begriffen vor, die Sie in der Stunde einführen oder verwenden wollen.

### So geht's

Jeder Schüler erhält eine Karteikarte mit einem vorbereiteten Begriff. In Einzelarbeit erklärt jeder seinen Begriff kurz schriftlich auf der Karte.
Dann beginnen Sie mit einer Zusammenfassung und Wiederholung der Stunde. Hört ein Schüler seinen Begriff, ruft er laut „Stopp!" und erläutert diesen. Der Lehrer ergänzt die Erklärung ggf. und fährt dann fort, bis er den nächsten Begriff nennt und der nächste Schüler an der Reihe ist.

### Tipps

Die angefertigten Karten können im Anschluss in einer Kartei gesammelt und allen Schülern zugänglich gemacht werden.

# 10 Löschaktion

Die Löschaktion kann sowohl als Stundenabschluss als auch als Abschluss für eine Unterrichtseinheit eingesetzt werden.

### Ziele

Der erarbeitete Stoff wird wiederholt und gefestigt.

### Vorbereitung

Bereiten Sie eine PowerPoint-Präsentation oder Folie vor, die die wichtigsten Unterrichtsinhalte zusammenfasst.

### So geht's

Die Präsentation oder Folie wird zuerst laut vorgelesen. Anschließend werden einige wichtige Schlüsselbegriffe gelöscht. Die Schüler müssen diese nun wieder ergänzen. In einem neuen Durchgang werden noch mehr Lücken hinzugefügt. Nach und nach muss auf diese Weise immer mehr ergänzt werden.

### Tipps

Die Methode eignet sich auch sehr gut zum Auswendiglernen von Gedichten. Achten Sie darauf, dass sich alle Schüler an der Übung beteiligen. Schüler, die Schwierigkeiten bei der Merkfähigkeit haben, ziehen sich bei dieser Idee leicht zurück.

## 11 Domino

Diese Idee ist eine handlungsorientierte Möglichkeit, sich noch einmal mit den Unterrichtsinhalten auseinanderzusetzen. Die Methode ist recht anspruchsvoll, da einzelne Inhalte mit anderen Schülern diskutiert und dann verknüpft werden müssen.

### Ziele

Die Unterrichtsinhalte müssen in Beziehung gesetzt werden und werden dadurch gefestigt und geübt. Die Form der Gruppenarbeit stärkt die sozialen Kompetenzen.

### Vorbereitung

Bereiten Sie für jede Gruppe 20 quadratische Karten mit Begriffen des aktuellen Stunden- oder Unterrichtsthemas vor. Teilen Sie die Schüler in Gruppen von nicht mehr als fünf Personen ein.

**So geht's**

Aufgabe der Schüler ist es, wie beim bekannten „Domino"-Spiel Karten mit inhaltlichem Bezug aneinanderzulegen. Die Reihenfolge wird in der Gruppe diskutiert. Abschließend stellt ein Gruppensprecher das Ergebnis vor.

**Tipps**

Das Spiel kann auch am Ende der Stunde mit der gesamten Klasse an der Tafel gespielt werden. Dazu können die Begriffe jeweils während der Erarbeitungsphase notiert und angehängt werden. Im gelenkten Unterrichtsgespräch bringen die Schüler sie abschließend in die richtige Reihenfolge. In höheren Klassen kann die Gesprächsleitung von einem Schüler übernommen werden. Die Gefahr bei dieser kürzeren Variante liegt darin, dass sich unsichere, leistungsschwächere zurückziehen und nicht mitarbeiten.

## 12 Lernsoftware

Mittlerweile gibt es zu den meisten Lehrbüchern passende Lernsoftware. Auch zusätzliche Lernprogramme werden kostengünstig oder sogar kostenlos angeboten.

### Ziele

Mithilfe der Lernsoftware wiederholen die Schüler den Unterrichtsstoff, wenden ihn an und festigen ihn. Außerdem werden Kompetenzen im Umgang mit digitalen Medien gefördert.

### Vorbereitung

Die Vorbereitung hängt von der Art der Durchführung ab. Für die Variante B benötigen Sie ein interaktives Whiteboard oder einen Beamer. Achten Sie dabei unbedingt auf die Lichtverhältnisse und Verdunklungsmöglichkeiten des Raumes sowie eine ausreichende Projektionsfläche.

**So geht's**

**Variante A:**
Die Schüler bearbeiten selbstständig, ggf. mit einem Partner am Computer ein Lernprogramm. Einige Programme bieten einen Lehrermodus, in dem die Schülerergebnisse abgefragt werden können. Es gibt sogar Programme, die den Leistungsstand bestimmen und daraus Lernpläne ableiten.

**Variante B:**
Es wird im Klassenverband gearbeitet. Hierfür eignen sich besonders Programme mit Wettbewerbscharakter, wie unterschiedliche Quizformate oder Vokabeltrainer. Projizieren Sie mithilfe des interaktiven Whiteboards oder Beamers das Programm an die Wand.

**Tipps**

Auf www.chip.de finden Sie immer aktuelle, kostenlose Software. Geben Sie einfach in der Suchmaske „Lernprogramme" und „Download" ein.

# 13 ABC-Methode

Diese Idee eignet sich sowohl als Einstieg in einen neuen Themenbereich, kann aber ebenso gut auch als Abschluss genutzt werden. Sie kann in nahezu allen Themenbereichen angewandt werden.

**Ziele**

Die Schüler setzen sich auf eine unsystematische Weise mit dem Thema auseinander. Dabei erweitern sie ihren Wortschatz, indem sie spielerisch mit Fachwörtern umgehen und Beschreibungen suchen. Fachbegriffe werden wiederholt und gefestigt. Es entsteht ein Gesamtbild des Themenbereiches.

**Vorbereitung**

Jeder Schüler schreibt die Buchstaben des Alphabets untereinander auf ein Blatt Papier.

**So geht's**

In Einzelarbeit schreiben die Schüler zu jedem Buchstaben ein zum Thema passendes Wort oder eine passende Phrase auf ihr Blatt.
Für die Weiterarbeit gibt es mehrere Varianten:

- Die Ergebnisse werden im Plenum zusammengetragen und eventuell fehlende Buchstaben durch die einzelnen Schüler ergänzt.
- Die Schüler arbeiten mit einem Partner weiter. Sie tauschen sich über ihre Begriffe aus und ergänzen diese. Anschließend einigen sie sich auf 3 bis 5 Begriffe, die sie für besonders wichtig halten, und markieren diese.
- Die Begriffe werden im Plenum vorgestellt und mit denen der anderen Schüler verglichen und diskutiert.

Für das Thema wichtige Begriffe, die jedoch noch nicht genannt wurden, werden abschließend vom Lehrer ergänzt.
Dadurch entsteht eine unsystematische, aber vollständige Wiederholung.

**Tipps**

Nach Absprache können sehr seltene Buchstaben weggelassen werden.
Als Variante kann die Idee im Klassenverband an der Tafel eingesetzt werden.

# 14 Abfragen

Diese Methode erfordert zwar wenig Vorbereitung des Lehrers, ist aber für die Kinder eher langweilig. Ich beschreibe diese Möglichkeit trotzdem, da sie immer noch weit verbreitet ist.

### Ziele

Ziel ist es, den Wissensstand der Schüler abzufragen, das Thema zu wiederholen und festzustellen, ob die Schüler die Inhalte verstanden haben.

### Vorbereitung

Es ist keine besondere Vorbereitung nötig.

**So geht's**

Im Unterrichtsgespräch werden die Inhalte der Stunde oder Einheit wiederholt. Die Aussagen können von Ihnen oder von einem Schüler stichpunktartig an der Tafel gesammelt werden.

**Tipps**

Durch das Sammeln tritt ein „Egalisierungsprozess" (Meyer 2011b, S. 144) ein, da Kinder, die eigentlich abweichende Informationen oder Einstellungen haben, ihre Veröffentlichung unterdrücken, da sie Mitschülern nicht in den Rücken fallen wollen oder aus den bereits vorliegenden Informationen der Mitschüler entnehmen, dass ihre eigene Meinung abwegig sein könnte. Auch die Meinung stillerer, zurückhaltender Schüler wird nicht berücksichtigt.

# 15 Fishbowl

„Fishbowl" (frei übersetzt „Goldfischglas") ist eine Methode zum Austausch und zur Diskussion. Ich beschreibe sie in dieser Rubrik, weil erarbeitete Inhalte angewandt werden.

Der Name leitet sich von der Sitzordnung ab: Die Redenden sitzen wie in einem Goldfischglas im Innenkreis und sind von den Zuhörern im Außenkreis umgeben. Die Fishbowl-Methode hat eine hohe Dynamik, da die Zuhörer jederzeit ins Glas springen und sich an der Diskussion beteiligen können. Auf diese Weise bildet sie einen anspruchsvollen, handlungsorienterten und schüleraktiven Abschluss.

**Ziele**

Die Schüler üben, Standpunkte zu vertreten und spontan auf Argumente zu reagieren. Alle Schüler haben die Möglichkeit zur Teilnahme an der Diskussion. Ebenso können sie den Zeitpunkt frei wählen, wann sie aus der Diskussion aussteigen möchten.

### Vorbereitung

Wählen Sie ein konfliktreiches Thema, das unterschiedliche Meinungen mit verschiedenen Argumentationen fordert.
In einen Stuhlkreis werden drei Stühle als Innenkreis gestellt. Auf jeden der Stühle setzt sich ein Kind. Die restliche Lerngruppe nimmt im Außenkreis Platz.

### So geht's

Die im Innenkreis sitzenden Kinder beginnen eine Diskussion zum Thema. Ist ein zuhörender Schüler aus dem Außenkreis komplett anderer Meinung oder möchte ein dringendes Argument einbringen, geht er zu einem der Diskutierenden und klopft ihm auf die Schulter. Dies signalisiert dem Redner, dass er den Stuhl für den Anklopfenden frei machen und sich in den Zuhörerkreis setzen muss. Der Anklopfer steigt damit in die Diskussion ein. Die Diskutierenden können jederzeit von Zuhörern abgelöst werden. Außerdem darf jeder Teilnehmer den Diskussionskreis jederzeit verlassen und einen Stuhl frei machen. Der freie Stuhl kann, muss aber nicht besetzt werden. Im Außenkreis darf nicht diskutiert werden.

Abb.: Alexandra Ferrarÿ

### Tipps

Im Gegensatz zur Diskussion im Kreis oder Plenum hat die Methode den Vorteil, dass die Diskussionsrunde überschaubar bleibt und bereits durch die Sitzordnung alle mit einbezogen sind. Vielredner können schnell abgewählt werden und müssen jedes Mal wieder in den Innenkreis gehen.
Bei Bedarf kann im Innenkreis ein fester Platz für einen Moderator eingerichtet werden.
Es gibt eine Variante des Fishbowls, bei der die Redner festgelegt sind und permanent im Kreis bleiben. Auf einem leeren Stuhl im Innenkreis können Zuhörer Platz nehmen und Fragen stellen oder Meinungen äußern.
Nach der Äußerung wechseln sie wieder in den Zuhörerkreis.

# Ideen 16–28
# Präsentationsformen

Je offener Unterricht ist, desto wichtiger ist es, seine Arbeitsergebnisse allen Mitschülern zu präsentieren, da diese nicht an der gleichen oder einer ähnlichen Arbeitsphase beteiligt waren. Aber auch im Lehrgangsunterricht wird die Motivation erheblich gesteigert, wenn gelungene Ergebnisse präsentiert werden können.
Das Präsentieren von Arbeitsergebnissen ist außerdem eine wichtige Kompetenz im Verlauf der weiteren Schulzeit. Deshalb sollte es schon früh angebahnt und geübt werden. Es ist in allen Rahmenplänen verankert.

## 16 Schülervortrag

Der Schülervortrag ist eine grundlegende Methode, die den Schüler durch die ganze Schulzeit hinweg begleitet. Deshalb sollte möglichst früh damit begonnen werden, das Vortragen vor einer Lerngruppe zu üben. Ich beschränke mich hierbei auf die körperlich-sprachliche Komponente, während sich die Idee 17 (Referat) eher auf die inhaltliche Komponente des Vortrags bezieht. Ergänzend stelle ich in dieser Idee einige unterstützende Methoden zum Ausbau der Gesprächskompetenz vor, die sich als Abschluss eignen und mit deren Hilfe das freie Reden geübt werden kann. Die meist kurzen Übungen sind hervorragend als „Lückenfüller" geeignet, wenn am Stundenende noch einige Minuten Zeit sind. Sie können immer wieder zwischendurch eingesetzt werden.

### Ziele

Ein Schülervortrag dient entweder der Zusammenfassung, einem Textvortrag oder der Darstellung eines Themengebietes. Mithilfe von Schülervorträgen lernen die Schüler, sich zu äußern, Lerninhalte darzubieten oder ihre Meinung zu vertreten.

### Vorbereitung

Die Vorbereitung hängt von der Art der Übung ab. Die meisten vorgestellten Übungen sind ohne großen Vorbereitungsaufwand durchführbar.

### So geht's

Damit die Schüler möglichst umfassende Gesprächskompetenzen erlangen, sollten verschiedene Gesprächstechniken genutzt werden:

- Die wichtigste Regel ist, frei zu sprechen und lediglich Stichpunkte zu verwenden.
- Die Darstellung muss einfach und prägnant sein. Begrifflichkeiten sollten konkret und sachorientiert sein, verschachtelte Sätze sollten vermieden sowie Sätze nicht mit „und" verbunden werden. Das Sprechen in der Gegenwart erzeugt mehr Spannung, als wenn in der Vergangenheit referiert wird.
- Die Sprache muss deutlich, in angemessener Lautstärke und nicht zu schnell sein.
- Der Referent sollte seine Ausführungen durch angemessene Gestik und Mimik unterstützen, ohne jedoch zu übertreiben. Insbesondere dieser und der vorherige Punkt können in kleinen Spielen geübt werden.
- Die Körperhaltung sollte ruhig und gerade sein. Die Beine sollten schulterbreit auseinandergestellt werden. Erfahrene Vortragende können sich ein wenig im Raum hin- und her bewegen. Die Hände sollten nicht in den Taschen stecken oder mit „Spielereien" beschäftigt sein.
- Während des Vortrags sollte der Referent Blickkontakt zu den Zuhörern herstellen. Reaktionen der Zuhörer sollte er aufnehmen und auf Fragen oder Störungen angemessen reagieren.

Um diese Grundregeln zu trainieren, können Sie unterstützende Methoden einsetzen. Die Methoden erfordern meist keine speziellen Materialien oder Vorbereitungen.

**Satzmuster**
Die Kinder stellen aus standardisierten Redewendungen der Fachsprache (Mustersätze zu einem Themenbereich) durch den Austausch von Wortgruppen eigene Sätze zusammen.

**Fragemuster**
Ähnlich wie beim Satzmuster nutzen die Kinder eine Sammlung von standardisierten Fragesätzen mit Leerstellen, um Dialoge, Gruppengespräche oder Fragespiele weiterzuentwickeln.

Beide Methoden eignen sich besonders für den Fremdsprachenunterricht, da wiederkehrende Phrasen genutzt werden.

**Wortspeicher**
Geben Sie Begriffe, Formulierungen oder Fachausdrücke vor, die die Kinder verwenden und notieren. Insbesondere für naturwissenschaftliche Fächer ist diese Übung gut geeignet.

**Gesprächskette**
Starten Sie die Kette, indem Sie das Wort an einen Schüler weitergeben, der es nach seinem Beitrag ebenfalls wieder an einen anderen Schüler weitergibt. Auf diese Weise entsteht eine Gesprächskette. Das Wort kann durch einen Gegenstand (z. B. Knautschball, Stein ...) symbolisiert werden, der weitergereicht wird. Die Gesprächskette kann auf verschiedene Arten geführt werden:

- ❒ Die Kinder müssen auf das Argument oder den Beitrag des Kindes vor sich reagieren.
- ❒ Die Schülerbeiträge beziehen sich nicht aufeinander (z. B. Erzählkreis vom Wochenende).
- ❒ Das Kind, das gerade einen Beitrag gegeben hat, wählt das nächste Kind aus – egal ob dieses sich meldet oder nicht.
- ❒ Es werden nur Schüler berücksichtigt, die sich melden und einen Beitrag geben wollen.

**Murmelgespräch**
Die Kinder erhalten eine kurze Zeit (ca. 2–5 Minuten), in der sie mit einem Partner über eine Antwort, Meinung, Frage oder einen Lösungsvorschlag diskutieren. Im Anschluss werden verschiedene Schülerbeiträge gehört und im Unterrichtsgespräch diskutiert.

**Aushandeln**
Das Aushandeln ist die Fortführung des Murmelgesprächs. Die Kinder stellen eigene Thesen zu einem schwierigen Sachverhalt oder einer Frage auf. Anschließend finden sie sich mit einem Partner zusammen und einigen sich auf

eine These. Im folgenden Schritt fusionieren zwei Pärchen zu einer 4er-Gruppe, stellen ihre These vor und einigen sich wiederum auf eine These. Diese Variation kann fortgeführt werden, bis nur noch eine oder zwei Gruppen vorhanden sind und dementsprechend nur noch eine oder zwei Thesen im Raum stehen.

**Gesprächshelfer**
Ein Schüler darf sich einen Helfer suchen, der ihn unterstützt, Inhalte ergänzt oder Fehler korrigiert, wenn er in einem Vortrag stecken bleibt.

**Thesen-/Thementopf**
Diese Methode dient der Übung eines möglichst professionellen Argumentationsaufbaus in Kurzvorträgen oder Streitgesprächen. Bereiten Sie dazu einen Topf mit unterschiedlichen Themen sowie Pro- und Kontra-Thesen als Ausgangspunkt für einen Vortrag oder ein Streitgespräch vor. Ein oder mehrere Kinder ziehen ein Thema oder Thesen und müssen darüber einen Kurzvortrag aus dem Stand halten oder die kontroversen Thesen mit möglichst schlagkräftigen Argumenten und guter Rhetorik verteidigen.

**Tipps**

Die Methode „Thesen-/Thementopf" eignet sich auch für Vertretungsstunden oder Zeiten, in denen Leerlauf entsteht. Sie kann immer wieder zur Auflockerung zwischendurch angewandt werden. Besonders unterhaltsam und spannend wird es, wenn die Themen außergewöhnlich oder skurril sind.

## 17 Referat

Ein Referat ist die mündliche Darlegung eines komplexen, selbst erarbeiteten Themas. Sie ist in höheren Klassen in der Regel mit einer schriftlichen Ausarbeitung (Handout) und/oder einer visuellen Präsentation verbunden. Meist schließt das Referat eine vom Schüler selbst erarbeitete Unterrichtseinheit ab. Das Referat ist eine sehr gängige Präsentationsform, die im Laufe der Schulzeit und manchmal sogar darüber hinaus immer wieder benötigt wird. Aus diesem Grund sollten den Schülern die wichtigsten Elemente eines guten Referates vertraut sein. Dies kann einerseits durch die Besprechung der

Elemente, andererseits auch durch Übungen, wie in der vorhergehenden Idee beschrieben, geschehen.

### Ziele

Die Schüler geben Hauptinhalte eines Themengebietes, mit dem sie sich eingehend beschäftigt haben, an andere weiter. Um das Referat interessant zu machen, halten sie bestimmte Richtlinien und Gesprächsregeln ein.

### Vorbereitung

Die Schüler wählen einen Themenbereich oder bekommen von Ihnen einen Bereich zugewiesen. Je freier die Themenwahl verläuft, desto stärker können die Schüler interessenbezogen arbeiten. Dadurch wird ihre Motivation erhöht. Bedenken Sie also vorher, inwieweit die Schüler Einfluss nehmen können. Stellen Sie jüngeren oder ungeübten Schülern Informationsquellen zur Verfügung oder besprechen Sie Möglichkeiten zur Recherche. Beachten Sie, dass nicht jeder Schüler über die gleichen Recherchemöglichkeiten verfügt.

Die Schüler bereiten das Referat während oder außerhalb des Unterrichts selbstständig vor und führen es durch. Für die Präsentation benötigen sie eventuell Kopien eines Handouts oder Laptop und Beamer.

### So geht's

Die Arbeit ist in die Vorbereitungs- und Präsentationsphase geteilt. Innerhalb der Phasen sind verschiedene Schritte notwendig. Diese können Sie auch als Handreichung mit den Kindern erarbeiten und ausgeben. Außerdem sollten die Schüler das Referat möglichst visuell unterstützt darbieten. Dies kann in Form eines Posters, mithilfe von Fotos oder Videos, aber auch durch eine PowerPoint-Präsentation geschehen.

#### 1. Vorbereitungsphase

- ❐ **Erarbeitung des Themas**
  Die Schüler sammeln Informationen und Materialien, um sich einen Überblick über das Thema zu verschaffen. Dabei müssen sie Fachbegriffe klären, das Thema gliedern und Schwerpunkte setzen.

- **Gliederung erstellen**
  Im Anschluss an die Erarbeitung wird eine Gliederung für das Referat erstellt. Die Schwerpunkte des Referates sollten in Stichpunkten auf Karteikarten festgehalten werden. Dabei können wichtige Begriffe, Überleitungen oder Satzanfänge von schwierigen Teilen notiert werden.
- **Einstieg**
  Der Einstieg soll zum Thema hinführen und Interesse wecken. Aus diesem Grund sollte er möglichst originell sein. Denkbar ist z.B. ein Widerspruch, Zitat, Witz, Videoclip oder Zeitungsbericht.
- **Hauptinhalte wiedergeben**
  Dieser Teil bildet den Schwerpunkt des Referates. Die Kinder arbeiten das Thema aus, geben Hauptinhalte wieder, ziehen Schlussfolgerungen und sprechen weiterführende Ideen oder Fragen an. Hierbei sollten sie immer Quellen angeben.
- **Schluss**
  Der Abschluss sollte auf den Anfang verweisen. Eventuell können der Anfangsgedanke oder die Anfangsfragen noch einmal aufgegriffen werden. Danach sollte Zeit für Rückfragen der Zuhörer eingeplant werden.
- **Unterstützende Präsentation**
  Zur Veranschaulichung sollte das Referat möglichst visuell oder audiovisuell unterstützt und mit Anschauungsmaterial ergänzt werden.
- **Ergebnissicherung**
  Die Ergebnissicherung erfolgt in Form eines Handouts. Alternativ können die Schüler auch ein Arbeitsblatt, Kontrollfragen, ein Quiz oder ein Kreuzworträtsel vorbereiten.
- **Referat üben**
  Wenn möglich, sollten die Schüler ihren Vortrag vor anderen üben. Kriterien ergeben sich aus der im Anschluss beschriebenen Präsentation des Referates.
- **Klärung organisatorischer und technischer Fragen**
  Bevor die Kinder ihr Referat vortragen, müssen sie das Handout vervielfältigen. Weiterhin muss sichergestellt werden, dass benötigte Medien, wie Laptop, Beamer, CD-Player, Overheadprojektor o. Ä., vorhanden sind.

Auch die organisatorisch-technischen Fragen müssen die Schüler klären: Wie ist die Anordnung der Tische? Kann der Raum abgedunkelt werden? ...

Sind all diese Schritte und Fragen geklärt, kann die Präsentation stattfinden.

**2. Präsentationsphase**

Um das Referat interessant vorzutragen und die Zuhörer für sich zu gewinnen, sollten einige Tipps berücksichtigt werden. Diese betreffen auf der einen Seite den sprachlichen Stil, der in der vorhergehenden Idee erläutert wurde, auf der anderen Seite die folgenden thematischen Inhalte:

- ❒ Die Zuhörer müssen merken, dass sich der Referierende mit dem Thema auskennt. Dazu ist es sinnvoll, den Zuhörern zu vermitteln, warum der Vortragende das Thema persönlich interessant findet. Außerdem muss er den Vortrag fachlich richtig und logisch aufbauen. Fachbegriffe müssen erklärt werden. Gleichzeitig sollte der Vortrag jedoch nicht mit Informationen und Fachbegriffen überfrachtet werden. Schließlich sind die Zuhörer keine Experten.
- ❒ Zu Beginn sollte der Referent einen Überblick über das Thema und seine Gliederung geben.
- ❒ Der Einstieg sollte Interesse wecken.
- ❒ Zur Veranschaulichung können Tafelskizzen, Folien, Fotos, Bild- oder Tonmaterial nützlich sein. Das Wichtigste sollte mehrfach betont werden.
- ❒ Am Ende fasst der Referent die Hauptgedanken noch einmal zusammen und gibt danach den Zuhörern Zeit für Rückfragen. Abschließend sollte er der Gruppe für das Zuhören und die Aufmerksamkeit danken.
- ❒ Außerdem sollten die Kinder unbedingt den zeitlichen Rahmen einhalten.

**Tipps**

Es kann hilfreich sein, das Referat vor dem Spiegel oder vor einer realen „Jury" zu üben.

Bedenken Sie, dass nicht alle Schüler die gleichen häuslichen Möglichkeiten und Unterstützungen haben. Bieten Sie deshalb Kindern, bei denen Sie mit Schwierigkeiten oder wenig Unterstützung rechnen, weitere Hilfen an (z. B. die Nutzung des Schulcomputers). Lassen Sie auch, insbesondere in der ersten Zeit, Referate während der Schulzeit anfertigen. Ich habe die Erfahrung gemacht, dass die Diskrepanz zwischen zu Hause angefertigten und im Unterricht erarbeiteten Referaten teilweise sehr groß war und die Leistungen positiv verfälscht wurden.

# 18 Handout

Jedes Referat oder jede Präsentation, die in der Ausbildung oder im Beruf gehalten wird, wird von einem Handout begleitet. Deshalb sollte die Anfertigung eines gelungenen Handouts schon in der Grundschule geübt werden.

### Ziele

Das Handout dient zur Ergebnissicherung. Für die Zuhörer werden die wichtigsten Daten und Fakten eines Vortrages oder einer Präsentation zusammengefasst. Dadurch sind sie auf der einen Seite unterstützend schriftlich präsent, auf der anderen Seite können sie zu einem späteren Zeitpunkt noch einmal angesehen werden und bilden damit eine verbindliche Grundlage von Fakten, die allen bekannt sind.

### Vorbereitung

Die Vorbereitung erfolgt individuell, je nach Handout.

### So geht's

Im Folgenden beschreibe ich die Elemente eines guten Handouts. Es bietet sich an, diese mit den Schülern anhand gelungener oder weniger gelungener Vorlagen zu erarbeiten.

- **Kopfzeile**
  In der Kopfzeile des Handouts, die auf jeder Seite auftaucht, werden die Autoren sowie das Schuljahr, die Klassenstufe und der Fachbereich vermerkt.

- ❒ **Überschrift**
  Die Überschrift sollte dem Vortrag entsprechen und somit das Hauptthema wiedergeben.

- ❒ **Inhalt**
  Das Handout sollte die wesentlichen Definitionen, Begriffe und Zusammenhänge wiedergeben, die im Vortrag erläutert werden. Die Gliederung sollte der des Vortrags entsprechen. Zentrale Begriffe sollten definiert werden. Es ist ratsam, entweder durchgehend oder am Ende des Handouts ein Beispiel zur Verdeutlichung der Inhalte anzuführen. Zur Veranschaulichung können Bilder und Grafiken verwendet werden. Dabei sollte auf eine gute Qualität geachtet werden.

- ❒ **Form**
  Die Länge des Handouts sollte 1–3 Seiten nicht überschreiten, um Übersichtlichkeit zu wahren. Es sollte in Stichpunkten oder kurzen Sätzen verfasst sein. Wichtiges kann kursiv oder in Fettschrift hervorgehoben werden.
  Die Gliederung sollte durch eine Nummerierung und Zwischenüberschriften gut sichtbar sein, ebenso sind Seitenzahlen sinnvoll. Um Notizen oder Unterstreichungen für den Adressaten zu ermöglichen, sollte die Schriftgröße nicht kleiner als 11 pt mit einem Abstand von 1,5 Zeilen sein. Es ist zudem ratsam, entweder nach einzelnen Themenbereichen oder am Ende Platz für Notizen zu lassen.

- ❒ **Quellenangaben**
  Am Ende des Handouts sollte ein Literaturverzeichnis stehen. Auch die Herkunft von Informationen aus dem Internet und von Grafiken muss gekennzeichnet werden. Für die Adressaten kann es außerdem hilfreich sein, weiterführende Quellen oder Internetadressen anzugeben.

**Tipps**

Ein Handout sollte nicht den ganzen Vortrag wiedergeben, sondern nur ergänzend die wichtigsten Fakten zusammenfassen. Aus diesem Grund bietet es sich an, das Handout zu Beginn auszuteilen, damit die Zuhörer sich darauf ggf. noch zusätzliche Notizen machen können. PowerPoint-Folien können leicht als Handout ausgedruckt werden.

Im Gegensatz zum Handout umfasst ein Thesenpapier zugespitzt oder pointiert formulierte Thesen, die als Grundlage für weitere Diskussionen dienen. In einer These werden wesentliche Merkmale oder Definitionen, aber keine Details genannt.

# 19 Poster

Das Poster ist eine der gängigsten Präsentationsformen. Das Erstellen eines Posters gehört zu den Kompetenzen, die bereits früh in der Grundschule erworben werden sollten. Im Gegensatz zum Plakat, das Ereignisse o. Ä. ankündigt oder darüber informiert, werden mithilfe des Posters Arbeitsschritte oder -ergebnisse präsentiert.

### Ziele

Ein Poster soll über die entscheidenden Inhalte eines erarbeiteten Stoffgebietes informieren. Mithilfe des Posters können die Schüler erarbeitete Inhalte oder Arbeitsschritte unterstützend visualisieren.

### Vorbereitung

Sie benötigen ein großes Blatt Papier, dicke, verschiedenfarbige Filzstifte, Bilder, Grafiken, Fotos zum Thema sowie Haftstreifen oder Magnete für die Befestigung.

### So geht's

Zuerst überlegen die Schüler, welche Informationen des Themenkomplexes besonders wichtig sind und welche visualisierenden Quellen dazu genutzt werden können (Fotos, Bilder, Tabellen …).

Im nächsten Schritt werden die Informationen strukturiert und die Aufteilung auf dem Poster vorbereitet. Dazu ist es sinnvoll, wenn die Schüler sich eine Skizze anfertigen oder die einzelnen Elemente auf das Poster legen und ggf. verschieben. Im Anschluss daran kleben sie die Bilder auf und fügen Bildunterschriften, Hinweise usw. hinzu.

Bei der Poster-Gestaltung sollten einige Regeln beachtet werden:

- Die **Überschrift** des Themas muss **groß und deutlich** geschrieben werden. Sie sollte den Hauptinhalt des Themas wiedergeben.
- Es sollte eine **klare optische Aufteilung** vorhanden sein. Dabei gilt die Grundregel: Weniger ist mehr. Das Poster darf nicht mit Texten oder Bildern überladen werden. Zum Rand hin sollte etwas Platz gelassen werden. Als Orientierungshilfe sollte das Poster entweder von links nach rechts oder von oben nach unten lesbar sein.
- Der Text sollte **in ausreichend großer Schrift** und in einer Farbe, die sich gut vom Untergrund abhebt, gestaltet werden. Die Schrift sollte maximal 50 % des Posters einnehmen. Texte sollten in Abschnitte gegliedert sein und Schlüsselbegriffe hervorgehoben werden.
- Als Signalwirkung kann mit **Farben und Symbolen** (Ausrufezeichen, Pfeile …) gearbeitet werden. Grüne Farbe signalisiert Gebote, während rot für Verbote oder Warnungen steht.

### Tipps

Die Schüler sollten überlegen, ob sie das Poster unterstützend für einen Vortrag verwenden oder ob es unkommentiert, z. B. in einer Ausstellung, ausgehängt wird. Dementsprechend können Informationen knapper, ausführlicher oder selbsterklärend gestaltet werden.

Die Bewertung eines Posters kann nach den oben genannten Regeln vorgenommen werden. Dabei können die Schüler bei der Bewertung mit einbezogen werden. Dadurch verdeutlichen sie sich noch einmal die stilistischen Mittel, mit denen gearbeitet wurde.

## 20 PowerPoint-Präsentation

Ein Großteil der Lernenden sind vorwiegend „visuelle Typen". Das bedeutet, sie prägen sich Bilder eher ein als Gehörtes. Eine PowerPoint-Präsentation ist dementsprechend die optimale Ergänzung zum Referat oder Vortrag. Die Computerpräsentation ist meist am ansprechendsten und abwechslungsreichsten, da jegliche Formen audiovisueller Medien eingearbeitet werden können. Sie bietet dementsprechend eine optimale Abwechslung von Text, Grafiken, Fotos, Animationen, Filmsequenzen, Sprache, Musik oder Programmdemos. Teilweise können die Schüler sogar das Internet unterstützend nutzen. Ablauf und Tempo steuert der Präsentierende (möglichst per Fernbedienung) selbst.

### Ziele

Eine gute visuelle Unterstützung sichert die Aufmerksamkeit und fördert nachhaltig die Erinnerung an das Gesagte und damit den Lernerfolg. Weiterhin gibt die Präsentation dem Vortragenden eine Struktur und hilft, den Überblick zu behalten.

### Vorbereitung

Für eine gelungene Präsentation sind die äußeren Umstände besonders wichtig. Deshalb sollte unbedingt darauf geachtet werden, dass eine ausreichende Verdunklung des Raumes möglich ist sowie dass die Technik richtig angeschlossen ist und einwandfrei funktioniert. Wird auf Informationen aus dem Internet zurückgegriffen, ist ein funktionierender Internetanschluss nötig. Lassen Sie dementsprechend, möglichst bevor die Zuhörer anwesend sind, die Präsentation einmal durchlaufen.

Für eine gelungene Präsentation sollten einige Dinge beachtet werden – dies betrifft insbesondere die Gliederung sowie das Layout. Im Folgenden erläutere ich diese beiden Bereiche.

### So geht's

#### Gliederung

**Einstiegsfolie:** Die Präsentation sollte mit einer Folie starten, die über das Thema Auskunft gibt. Die Überschrift kann durch ein großes Bild oder eine prägnante Zusatzüberschrift ergänzt werden. Diese Folie kann schon vor Beginn, z. B. während die Schüler den Klassenraum betreten, aktiviert werden. Auf diese Weise können sich die Zuhörer auf das Kommende einstimmen.

**Inhaltsfolie:** Die nächste Folie sollte eine kurze Übersicht über den Verlauf des Vortrags geben. Es bietet sich an, hierfür Teilüberschriften zu verwenden, die sich auf den kommenden Folien wiederfinden.
**Informationsfolien:** Diese Folien bilden den Kern des Vortrags. Pro Folie sollte eine Teilüberschrift verwendet werden, die mit entsprechenden Stichpunkten, Fotos und Grafiken erläutert wird. Dabei sollte beachtet werden, dass möglichst keine Sätze und höchstens 5–7 Stichpunkte pro Folie aufgeführt werden. Als Faustregel gilt: Nicht mehr als 6 Zeilen mit 6 Wörtern pro Zeile verwenden! Wenn möglich, sollten zur Erläuterung Bilder, Diagramme, Symbole und Schaubilder genutzt werden. Werden mehrere Folien für ein Thema benötigt, kann die Überschrift auf jeder Folie wiederholt werden.
Insbesondere zur Übersichtlichkeit der Informationsfolien ist es wichtig, die Layout-Grundregeln einzuhalten.
**Quellenfolie:** Der Vortrag sollte mit Quellenangaben abgeschlossen werden. Dabei sollten alle genutzten Quellen (Bücher, Internetseiten, weitere Quellen) aufgeführt werden.
**Abschlussfolie:** Am Ende der Präsentation sollte eine Abschlussfolie stehen, auf der den Zuhörenden für ihre Aufmerksamkeit gedankt wird. Sollte die Präsentation als Grundlage für weitere Diskussionen genutzt werden, können hier auch eine provokante These oder zusammenfassend Pro- und Kontra-Argumente zum Thema aufgeführt oder Hauptthesen zusammengefasst werden.

## Layout-Grundregeln

**Einheitlichkeit:** Alle Folien sollten ein möglichst einheitliches Layout aufweisen. Hintergrundfarben und Schriftarten sollten nicht gewechselt werden. Andere Farben sollten immer in der gleichen Weise verwendet werden (z. B. blau für alle Internet-Links). Benutzen Sie nicht mehr als 3 Farben. Zurzeit ist es üblich, eine helle Hintergrundfarbe zu wählen und darauf in dunkel zu schreiben. Achten Sie bei der Farbwahl auch auf die Bedeutung der Farbe (Rot: Verbot, falsch; Grün: Gebot, gesund oder richtig).
**Schriftart:** Bis auf die Überschrift, für die eine andere Schriftart verwendet werden kann, damit sie sich gut abhebt, sollte für alle Folien eine einheitliche Schriftart verwendet werden. Die Schriftart sollte möglichst einfach und nicht zu schnörkelig oder dünn sein, damit sie auch von weit hinten gut lesbar ist.

**Schriftgröße:** Der Titel der Folie sollte auffallen und sich deutlich vom restlichen Text abheben. Die Schriftgröße für den Titel sollte mindestens 60 pt, für Teilüberschriften 36 pt und für den restlichen Text 24 pt betragen. Weitere untergeordnete Textebenen, wie Aufzählungen, sollten nicht kleiner als 18 pt sein.

**Grafiken, Bilder und Fotos:** Grafiken, Bilder und Fotos sollten aussagekräftig sein und zum Thema passen. Verwenden Sie nicht zu viele Fotos zum selben Unterpunkt. Achtung mit ClipArts! Diese Bildchen eignen sich gut zur Auflockerung oder für Einladungskarten. Für eine professionelle Präsentation in der Schule lenken sie aber meist zu sehr vom Thema ab. Sie können auf der Abschlussseite benutzt werden. Generell gilt: Weniger ist mehr!

Zu viel lenkt vom Thema ab. Dies gilt für Farben, Schriftarten und Bilder, aber auch für Animationen. Nutzen Sie nur Animationen, wenn diese notwendig sind, und bleiben Sie auch hier bei einem Effekt. Animierte Geräusche stören in der Regel. Zwischen den Elementen sollte genug Platz sein. Nur wenn mindestens ein Drittel der Folie leer bleibt, wirkt diese nicht überfüllt und unübersichtlich.

Verlinken Sie Teilüberschriften auf der Inhaltsfolie mit der entsprechenden Informationsfolie sowie umgekehrt. Dadurch können Sie bei Bedarf an die gesuchte Stelle wechseln.

Alternativ zur vortragsunterstützenden PowerPoint-Präsentation kann eine Präsentation auch selbsterklärend sein. Für diese Art der Präsentation gelten die gleichen Regeln wie eben beschrieben. Es muss jedoch darauf geachtet werden, dass die Informationsfolien so gestaltet werden, dass sie nicht weiter erläutert werden müssen. Inhalte oder Thesen sollten trotzdem kurz und prägnant sein. Eine selbsterklärende Präsentation könnte z. B. am Ende einer Unterrichtseinheit oder eines Projektes entstehen und eine Ausstellung ergänzen oder über den Lernweg informieren.

### Tipps

Spätestens in der 4. Klasse ist es durchaus möglich, die Kriterien einer PowerPoint-Präsentation zu erarbeiten und eigene Präsentationen erstellen zu lassen. Hierfür eignen sich insbesondere Themenbereiche, die aufgeteilt werden können, wie z. B. „Mein Traumberuf", „Heimtiere" oder eine Buchvorstellung. Bei den ersten beiden Themenbereichen können die Schüler auch gut zu zweit arbeiten. Die Bereiche sind kurz und klar umgrenzt.

## 21 Fotoreportage (Fotostory)

Schon in der Schulanfangsphase ist eine Digitalkamera, die die Schüler nutzen können, eine nützliche, sinnvolle Anschaffung.

### Ziele

Eine Fotoreportage kann als Schreibanlass oder zur Ergebnispräsentation dienen. Die unterstützende Visualisierung erleichtert Erklärungen und vereinfacht die Darstellung von Prozessen. Die Arbeit mit Fotos ist außerdem meist sehr motivierend, da das Fotografieren Schülern Freude bereitet und gerade Kinder sich gern auf Fotos betrachten. Fotos können außerdem den Schreibprozess unterstützen, da das Bild hilft, Vorstellungen zu konkretisieren.

### Vorbereitung

Stellen Sie den Schülern eine oder mehrere Digitalkameras zur freien Verfügung. Daneben sollten ein Drucker sowie große Papierbögen zum Aufkleben vorhanden sein. Alternativ können die Schüler auch eine PowerPoint-Präsentation oder eine Fotoshow mithilfe des Computers erstellen.

### So geht's

Überlegen Sie (gemeinsam mit den Schülern), ob die Reportage sich auf den Prozess der Arbeitsschritte beziehen soll oder ob mit der Reportage Ergebnisse dargestellt werden sollen.

**Darstellung des Arbeitsprozess**
Hierbei begleiten die Schüler alle Phasen und Schritte ihrer Arbeit fotografisch. Ist die Arbeit am Thema beendet, wählen die Schüler geeignete Fotos aus, die den Arbeitsweg präsentieren.

Die Fotos werden mit Untertiteln versehen und entweder aufgeklebt und ausgestellt oder in Form einer PowerPoint-Präsentation oder Fotoshow präsentiert.

**Darstellung der Ergebnisse**
In diesem Fall arbeiten die Schüler am Thema und halten ihre Ergebnisse fotografisch fest. Im Anschluss werden geeignete Fotos herausgesucht, die Bilder angeordnet und mit Texten versehen. Die Präsentation kann, wie oben beschrieben, über eine Wandzeitung oder in Form einer PowerPoint-Präsentation oder Fotoshow erfolgen. Für diese Vorgehensweise eignen sich Themen, bei denen eine Visualisierung vorteilhaft ist, z. B. „Hunde in der Großstadt", „Sehenswürdigkeiten in meiner Stadt", „Gefühle" (es werden unterschiedliche Gesichtsausdrücke interpretiert) usw.

**Tipps**

Auch Fotoshows oder PowerPoint-Präsentationen können so eingerichtet werden, dass sie ohne Beisein des Erstellers laufen. Dementsprechend können sie anderen über einen längeren Zeitraum verfügbar sein, indem man sie über einen öffentlichen Bildschirm oder digitalen Bilderrahmen immer wieder abspielt.

Alternativ können die Schüler auch eine Fotostory erstellen: Sie erfinden eine Geschichte oder spielen eine bekannte Geschichte nach. Markante Szenen werden fotografiert und mit Sprechblasen versehen. Die Variante eignet sich insbesondere für Schüler, die nicht so gut und umfangreich Texte verfassen können oder nicht so gern schreiben.

# 22 Film drehen

Film- und Fernsehen bestimmen neben dem Internet einen großen Teil der kindlichen Lebenswelt. Aktionen im Alltag werden von Schülern mit dem Handy gefilmt und im Internet gepostet.
Dementsprechend werden die Schüler in ihrer Lebenswelt abgeholt, wenn im Unterricht dieses Medium aufgegriffen und produktiv genutzt wird. Eine Filmproduktion eignet sich zum Abschluss einer längeren Unterrichtseinheit zu einem komplexeren Thema.

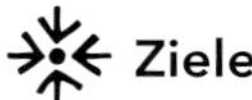



## Ziele

Die Schüler setzen sich intensiv mit dem Stoff und mit den verschiedenen Schritten der Filmproduktion auseinander. Neben der Sachkompetenz erlangen sie außerdem hohe soziale Kompetenzen, da Teamarbeit unverzichtbar ist. Das Verhalten des Einzelnen wirkt sich stark auf das Gesamtergebnis aus. Außerdem erwerben die Schüler methodische Kompetenzen bezüglich des Drehablaufes sowie der Nutzung der technischen Geräte und Software.
Der Dreh eines Films erfordert weiterhin Disziplin und Aufmerksamkeit.

## Vorbereitung

Für den Filmdreh werden neben geeigneten Drehplätzen und Requisiten einige technische Geräte benötigt:

- **Kamera**
  Sie benötigen eine Videokamera, die digital speichert.
- **Stativ**
  Um verwacklungsfreie Bilder zu erhalten, sollte so oft wie möglich ein Stativ verwendet werden.
- **Mikrofon**
  Ein Bild mit schlechtem Ton verfehlt die Wirkung. Deshalb sollten Sie unbedingt darauf achten, ein gutes, von der Kamera unabhängiges Mikrofon zu verwenden. Richten Sie das Mikrofon direkt auf die Schallquelle aus.
- **Tonangel**
  Um nahe an die Tonquelle zu gelangen, ohne dass das Mikrofon im Bild zu sehen ist, benötigen Sie eine Tonangel. An ihr wird das Mikrofon befestigt.
- **Computer mit geeigneter Software**
  Zur Nachbearbeitung sollten Sie einen möglichst aktuellen Computer mit großem Arbeitsspeicher, einer guten Sound- und Grafikkarte sowie einer Bearbeitungssoftware zur Verfügung haben. Die Firma Magix aus Berlin z. B. bietet ein hochwertiges Programm als abgespeckte Schulvariante relativ preiswert an. Ein Einsteigerprogramm (Windows Movie Maker) ist bei den meisten Windows-Rechnern mit enthalten. Besonders für Anfänger ist es sinnvoll, zugunsten einer einfachen Bedienbarkeit auf sehr hochwertige, komplexe Programme zu verzichten.

So geht's

Es gibt mehrere Möglichkeiten, das Filmen im Unterricht einzusetzen:

- **Dreh einer Filmreportage**
  Mithilfe einer Reportage können erarbeitete Inhalte angewandt und gefestigt werden. Die Reportage berichtet möglichst von den Originalschauplätzen über ein Thema. Im Gegensatz zur Berichterstattung, wie z. B. in Nachrichten, ist es dem Reporter erlaubt, Fakten durch eigene Eindrücke, die er am Originalschauplatz gesammelt hat, zu ergänzen. Der Zuschauer soll sich dadurch möglichst gut in die Situation hineinversetzen können. Deshalb sollte der Reporter im Präsens sprechen sowie viele Adjektive und bildhafte Beschreibungen verwenden. Er sollte die Fakten möglichst genau darlegen, ohne Dinge wegzulassen oder zu ergänzen. Eine Reportage kann durch Interviews und Kommentare ergänzt werden. Im Unterricht kann über verschiedene Themen eine Reportage gedreht werden. Denkbar ist die Vorstellung verschiedener Berufsbilder oder geschichtlicher Schauplätze vor Ort oder die Berichterstattung von einer (schulischen) Veranstaltung oder einem großen Ereignis.

- **Dreh eines Dokumentarfilms**
  Der Dokumentarfilm befasst sich mit dem tatsächlichen Geschehen. Für Dokumentarfilme eignen sich insbesondere Themen aus dem sozialkundlichen oder geschichtlichen Bereich. Auch die Geschichte der Schule oder die Begleitung einer Familie können zum Thema für einen Dokumentarfilm werden. Durch ihn soll ein Ereignis oder ein Geschehen dargestellt und beschrieben werden. Dazu ist es auch möglich, Interviews mit Zeitzeugen durchzuführen, aber auch Szenen möglichst originalgetreu nachzuspielen. Für den Dreh eines Dokumentarfilms sollten die Schüler bereits über Hintergrundwissen verfügen. Deshalb bietet sich diese Idee auch als Abschluss einer Unterrichtseinheit an.

- **Dreh eines begleitenden Berichts (Dokumentation)**
  Diese Art eignet sich, um das Klassen- und Schulleben einzufangen: Es werden Aktionen, z. B. ein Ausflug, eine Klassenfahrt, das Making-of eines Themas oder einfach der Schulalltag, gefilmt und hinterher durch Untertitel oder Tonbeiträge kommentiert. Häufig wird auch Musik unterlegt. Das gemeinsame Anschauen schließt die Unterrichtseinheit oder das Ereignis ab.

- ❐ **Dreh eines Films**
  Es gibt unterschiedliche Anlässe und Möglichkeiten, im Unterricht Filme zu drehen. So kann z. B ein Darstellendes Spiel, als eine Sonderform des Theaters oder auch in weiteren Bereichen gedreht werden. Hier eignet sich besonders der sozialkundliche Bereich, weil die Schüler Gelegenheit haben, unterschiedliche Rollen auszuprobieren und Gefühle nachzuempfinden. Auch konfliktreiche Alltagssituationen können nachgespielt und ausgewertet werden. Weiterhin ist eine Auseinandersetzung mit Genderrollen in der Werbung oder die Verfilmung einer selbstgeschriebenen Geschichte denkbar.

- ❐ **Dreh eines Musikvideos**
  Hoch motivierend wirkt für Schüler auch der Dreh eines eigenen Musikvideos. Dazu müssen sich die Schüler mit einem selbst geschriebenen oder bekannten Lied auseinandersetzen und überlegen, wie sie es szenisch umsetzen.

Alle oben beschriebenen Möglichkeiten, mit Ausnahme der Dokumentation, verlangen eine ähnliche Vorgehensweise. Sie muss in manchen Fällen lediglich leicht angepasst werden. Nachfolgend beschreibe ich die Grundschritte:

1. **Finden und Entwickeln der Story**
   Am Anfang steht die Idee. Diese muss als Erstes entwickelt und aufgeschrieben werden.

2. **Verfassen von Drehbuch und Storyboard**
   Das Drehbuch für den Spielfilm basiert auf einer bestehenden oder selbstgeschriebenen Geschichte. Auf der formalen Ebene enthält es Szenenelemente, wie Angaben zur Zeit und zum Ort des Geschehens, Szenenbeschreibungen, Figurennamen sowie Dialoge. Dadurch erzählt es die Geschichte in einer formalisierten Form, die Format genannt wird. Darin können Sie auch Kamera- und Regieanweisungen geben. Meist erscheinen diese jedoch im Storyboard. Für Dokumentarfilme werden die verschiedenen Drehorte und geplanten Szenen zusammengestellt und kommentiert. Damit ist die Geschichte noch nicht vorgefertigt, sondern erhält erst im Schnitt ihre finale Richtung. Der Schwerpunkt des Drehbuchs liegt also auf Intentionen und Fokussierungen, die beim Dreh beachtet werden müssen. Storyboards wurden zuerst von den Disney-Studios entwickelt. Ein Storyboard ist eine sequenzielle Bilderfolge, die die Einstellungen des Filmes visualisiert.

Anhand des Boards können alle am Film Beteiligten die Intention des Regisseurs in Bezug auf Einstellungsgrößen, Blickwinkel, Perspektiven und manchmal auch Ausleuchtung, Farbigkeit oder Gesamtästhetik besser verstehen.

Sind Drehbuch und Storyboard verfasst, müssen Team, Darsteller und Drehorte festgelegt und die Ausrüstung zusammengestellt werden.

3. **Der Dreh**
   Bevor es losgeht, muss der Drehort vorbereitet werden. Dazu gehören der Aufbau der Requisiten und die Ausleuchtung. Bedenken Sie bei öffentlichem Gelände Störungen von außen durch Passanten oder einen hohen Geräuschpegel von Straßenlärm, anderen Schülern usw. Anschließend müssen die Schauspieler eingekleidet und geschminkt werden.
   Der Dreh erfordert eine hohe Konzentration von allen Beteiligten, da viele Faktoren voneinander abhängen. Kameraeinstellungen können mehrmals wiederholt werden, bis die Schüler mit dem Aufgenommenen zufrieden sind.
4. **Schnitt und Vertonung**
   Im Anschluss an den Dreh schneiden die Schüler die aufgenommenen Szenen mithilfe eines Schnittprogramms zusammen. Zusätzlich können sie noch Musik unterlegen und Szenen nachvertonen.
5. **Präsentation**
   Je aufwändiger die Erstellung des Films und je umfangreicher das Projekt ist, umso größer sollte auch die Präsentation in der Öffentlichkeit sein. Neben der Vorstellung in der Klasse kann der Film auch auf einem Elternabend, im Rahmen eines Schulfestes oder im Schulfernsehen vorgeführt werden.

Zum Abschluss sollte eine Auswertung mit Reflexion erfolgen. Die beteiligten Schüler äußern sich zuerst zu ihrem Projekt. Dabei sollten sie ansprechen, was ihnen gefallen hat, wo sie Probleme hatten, was sie ändern würden und wo vielleicht Erwartungen erfüllt oder nicht erfüllt wurden. Anschließend sollte auch das Publikum äußern, wie es den Film wahrgenommen hat, was ihm gefallen hat und welche Verbesserungsvorschläge eingebracht werden könnten.

### Tipps

Achten Sie bei der Veröffentlichung (z. B. im Internet, aber auch innerhalb der gesamten Schule usw.) auf Vorgaben bezüglich der Bildrechte der Schüler. Wenn Sie sichergehen wollen, sollten Sie schon vor dem Projektstart Einverständniserklärungen der Eltern einholen.
Die Kommandos am Set lauten: „Ruhe bitte!", „Kamera ...", „Kamera läuft!", „Und bitte!" (eine Sekunde warten) – Spiel der Schauspieler – am Ende des Spiels: „Und danke!"

## 23 Bauen von Modellen

Ein Modell ist ein eingeschränktes Abbild der Wirklichkeit. Es erfasst im Allgemeinen nicht alle Attribute des Originals, sondern nur diejenigen, die dem Modellschaffer bzw. Modellnutzer relevant erscheinen.
Mithilfe eines Modells können im Unterricht erarbeitete Inhalte zusammengefasst und präsentiert werden.

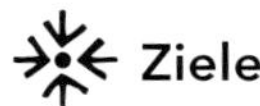

### Ziele

Mit einem Modell sollen komplizierte oder nicht sichtbar ablaufende Sachverhalte dargestellt und veranschaulicht werden. Weiterhin kann ein Modell zur Präsentation von Unterrichtsinhalten dienen.

### Vorbereitung

Stellen Sie je nach Art des Modells den Schülern geeignete Materialien zur Verfügung. Dazu gehören Bausteine, Draht, Streichhölzer, Perlen, Gips, Filz, Watte, Wolle, Wasserfarben, Pappe, Korken, Kronkorken und andere Alltagsgegenstände.

### So geht's

Eine einheitliche Anleitung ist nicht möglich, da die Vielzahl der Modellmöglichkeiten eine unterschiedliche Vorgehensweise erfordert.

Es sollen jedoch einige Ideen für Modelle gegeben werden:

- Mein Traumspielplatz
- Vermessung und Nachbau von Gebäuden
- Bau von Modellen im physikalischen Bereich: Schaltkreis, Schwimmen/Sinken → Wodurch wird ein Schiff kipp-unanfälliger?
- Raketenbau
- Bau von Solarkochern
- Bau einer Kläranlage
- Modell des Wasserkreislaufs

### Tipps

Geben Sie den Schülern nicht alles vor, sondern motivieren Sie sie dazu, das Bauen von Modellen als Schritt zu einer eigenen Lösungsfindung zu entdecken.

Abb.: Bettina Weyland

# 24 Selbst gestaltete Bücher

Selbst gestaltete Bücher sind eine große Bereicherung für die Klasse. Neben der Freude, die das Erstellen des Buches bringt, macht es Spaß, immer wieder selbst gestaltete Bücher zur Hand zu nehmen, darin zu blättern und Veränderungen oder Lernfortschritte zu entdecken.

Das selbst gestaltete Buch sichert Arbeitsergebnisse und präsentiert diese den Schülern selbst, Eltern und/oder einer (schulinternen) Öffentlichkeit. Es eignet sich damit hervorragend zum Abschluss einer Unterrichtseinheit.

## Ziele

Auf der einen Seite setzen sich die Schüler noch einmal mit dem Thema auseinander. Auf der anderen Seite werden sie durch den Charakter des Buches und die Veröffentlichung zum sorgfältigen Arbeiten animiert. Außerdem bietet es eine anschauliche, nachhaltige Ergebnissicherung.

## Vorbereitung

Die Vorbereitung hängt von der Vorgehensweise und von der Art des Buches ab.

## So geht's

Es gibt verschiedene Varianten, wie ein Buch entstehen kann:

**Jeder fertigt ein eigenes Buch zum gleichen Thema an**
Dies ist wohl die klassische Variante: Im Unterricht wird ein Oberthema erarbeitet, zu dem jeder Schüler sein eigenes Buch entwickelt. In einem ersten Schritt schreiben die Schüler den Text, der im Rahmen einer Schreibkonferenz oder von Ihnen überarbeitet wird. Anschließend überträgt der betreffende Schüler den Text in Reinform in ein Buch oder auf Blätter, die Sie heften oder binden. Der Schüler gestaltet abschließend das Buch schön aus.

Als Themen eignen sich „Märchen“, „Fabelwesen“, aber auch Sachthemen, wie „Familie“, „Hilfe, ein Unfall!“, „Angst“, „Kranksein“, „Freunde-Geschichten“, „Das finde ich gemein“ ...

**Bücher zu verschiedenen Themen**

Diese Variante gleicht in der Durchführung der ersten Variante – nur dürfen sich die Kinder hierbei ihr Thema ganz frei wählen. Wenn Sie nicht generell offen arbeiten, können Sie die Variante als Zusatzaufgabe nutzen, wenn Schüler schon fertig sind. Nach den beendeten Pflichtaufgaben darf immer am Buch weitergearbeitet werden. In einem Buch können die Kinder auch mehrere kleine Einzelgeschichten zusammenfassen. In meiner 2. Klasse schrieb ein Junge ein halbes Jahr lang immer wieder Piratengeschichten.
Die Aufgabe war hoch motivierend, weil die anderen Schüler nach einer kurzen Zeit die Geschichten „einforderten". Am Ende des Schuljahres übergab ich dem Schüler alle Geschichten als Buch zusammengefasst.

**Alle zusammen gestalten ein Buch zum gleichen Thema**

Hierbei entsteht nur ein Buch, für das alle zusammen an einem Thema gearbeitet haben. Jedes Kind gestaltet eine oder mehrere Seiten des Buches. So könnte z. B. die gesamte Klasse „Piratengeschichten" schreiben. Auch Berichte über das Faschingsfest, in denen jeder sein Kostüm vorstellt, oder über den „Kuscheltiertag" wären denkbar. Außerdem können in dieser Variante alle Schülerarbeiten zu einem Thema aus der ersten Variante zusammengefasst werden.

Eine Abwandlung dieser Idee ist die gemeinsame Erstellung eines Lexikons: Während der Unterrichtseinheit werden Begriffe gesammelt und am Ende der Einheit zu einem Lexikon zusammengefasst, das für alle Schüler vervielfältigt wird. Das Lexikon kann alternativ über das gesamte Schuljahr erweitert werden (z. B. für mathematische oder sachkundliche Fachbegriffe, Grundwortschatz usw.). Auf diese Weise wird sichergestellt, dass die Klasse verbindliche Unterrichtsinhalte und Fachbegriffe erarbeitet hat, die jeder Schüler kennen sollte. Selbst schuljahresübergreifend bleiben Inhalte aktuell und können immer wieder nachvollzogen werden.

**Alle zusammen gestalten ein Buch zu verschiedenen Themen**

Auch bei dieser Variante entsteht am Ende ein gemeinsames Buch. Dieses steht unter einem Oberthema. Die Schüler bearbeiten jedoch unterschiedliche Teile oder Unterthemen, d. h., sie gestalten nur eine oder mehrere Seiten. Auch hierfür gibt es eine Vielzahl von Einsatzmöglichkeiten. In jahrgangsübergreifenden Klassen können Sie, bevor das neue Schuljahr beginnt, mit den Schülern alle Bereiche der Schule fotografieren. Anschließend schreiben die

Schüler kurze Berichte zu den einzelnen Bereichen (Sekretariat, Schulleitung, Fachräume, Toiletten, Essensausgabe …). Das Buch kann auf diese Weise den neuen Schülern als Orientierung dienen. Im Musikunterricht können die Kinder abschließend (z. B. zu den verschiedenen Szenen der „Moldau" von Smetana) Bilder malen und kurze Texte schreiben. So entsteht das „Klassenbuch von der Moldau". Auch Sachthemen, bei denen verschiedene Aspekte beschrieben werden (z. B. „Tiere", „Feste und Bräuche in Europa", „Fahrzeuge" usw.) oder ein Tagebuch über die Klassenfahrt sind gut geeignet. Für höhere Klassen kann es eine spannende Aufgabe sein, ein Buch weiterzuschreiben, das ein anderer Schüler begonnen hat. Nach ein paar geschriebenen Seiten wird das Buch einfach weitergereicht. Der Folgeschreiber liest die bisherige Geschichte und setzt sie sinnvoll fort. An einer spannenden Stelle übergibt er das Buch dem nächsten usw.

Abb.: Eva Spanjardt

### Tipps

Weisen Sie die Schüler bei der ersten Durchführung auf die Elemente hin, die ein Buch auf jeden Fall aufweisen sollte. Dazu gehören Titel und Autor auf dem Deckblatt, bei längeren Büchern Inhaltsverzeichnis und Seitenzahlen sowie eventuelle Kapitelüberschriften. In der Regel sind die Schüler sehr bemüht, diese Vorgaben einzuhalten, da ihr Buch einem „echten Buch" möglichst stark ähneln soll.

Stellen Sie auf jeden Fall Kreativität und Inhalt in den Mittelpunkt. Eine sehr sorgfältige äußere Gestaltung sowie eine orthografisch richtige Schreibweise sind in einer Veröffentlichung sicherlich anzustreben. Es wäre jedoch schade, wenn ein Schüler, der eine lange, fantasievolle Geschichte geschrieben hat, die Motivation verliert, weil viele Rotstriche am Rand sind und er alles noch einmal abschreiben muss. Vielleicht finden Sie für ihn einen anderen Weg (z. B. darf er am Computer schreiben, wo ihm Fehler sofort angezeigt werden, oder er bekommt Hilfe von einem „Aufschreiber"). Bei Schulanfängern kann es sinnvoll sein, den unkorrigierten Originaltext stehen zu lassen und in einer Ecke den Text noch einmal in „Erwachsenenschrift" aufzuschreiben.

## 25 Wandzeitung/Collage/Wandfries

Diese Idee eignet sich besonders, um Teilergebnisse aus Gruppenarbeiten zu veröffentlichen und Ergebnisse für alle Schüler sichtbar zu machen. Durch die einfache Gegenüberstellung können die Ergebnisse außerdem schnell verglichen werden.

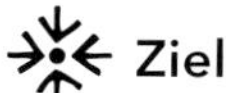

### Ziel

Mithilfe einer Wandzeitung, einer Collage oder eines Wandfrieses werden Arbeitsschritte und Arbeitsergebnisse dokumentiert und gesichert.

### Vorbereitung

Sie benötigen große Plakate, eine weiße Papierrolle oder Tapete. Bei Schülern, die mit der Methode noch nicht so vertraut sind, sollte außerdem eine Struktur vorgegeben werden, indem ähnlich wie in der Idee „Simultanprotokoll" (vgl. Idee 3, S. 16) bestimmte Schritte schon eingezeichnet sind. Ein Poster kann auch bereits in mehrere Felder unterteilt werden, in die die einzelnen Gruppen ihre Arbeitsergebnisse eintragen.

**So geht's**

**Wandzeitung:** Die Wandzeitung ähnelt dem Poster (vgl. Idee 19, S. 42). Auf der Wandzeitung werden Arbeitsschritte oder Arbeitsergebnisse festgehalten und öffentlich gemacht. Sie kann durch Fotos und Zeitungsberichte ergänzt werden.

In der Freinet-Pädagogik dient die Wandzeitung außerdem dem sozialen Austausch. Auf ihr werden Fragen und Wünsche für den Klassenrat festgehalten. Dementsprechend könnte eine Wandzeitung auch als Feedback eingesetzt werden, indem ein Plakat in vier Felder eingeteilt wird. Die Schüler können dort schriftlich und anonym zu vier Punkten/Fragen Stellung beziehen. Beispiel:

❒ Wir wünschen ...
❒ Wir kritisieren ...
❒ Wir haben gelernt ...
❒ Wir wollen wissen ...

**Collage:** Die Collage ähnelt der Wandzeitung, allerdings wird der künstlerische Aspekt in den Mittelpunkt gerückt. Durch die Wahl der Materialien und die Gestaltung werden Meinungen, Emotionen und Stimmungen hervorgerufen.

**Wandfries:** Der Wandfries eignet sich besonders, wenn ein Prozess, also entweder eine zeitliche Abfolge oder die Erarbeitungsschritte, verdeutlicht werden soll. Auf einem langen Papierstreifen (am besten Tapete o. Ä.) wird ein Strahl, ein Zug, eine Schlange, ein Drache o. Ä. aufgezeichnet. In jedem einzelnen Abschnitt (z. B. in jedem Waggon) wird ein Teilschritt oder Teilbereich des Themas erläutert oder zusammengefasst. Insbesondere im geschichtlichen Unterricht kann mit dem Wandfries eine Zeitleiste dargestellt werden, auf der die Schüler bestimmte Ereignisse darstellen. Z. B. können die Schüler ihre Geburtsdaten oder zusätzlich die ihrer Eltern eintragen und vergleichen. Oder die Lebensdauer verschiedener Tiere kann verglichen werden. Es könnte auch die Geschichte der Schule festgehalten und mit Bildern dokumentiert werden.

Ähnlich dem Simultanprotokoll können am Ende jeder Stunde die Ergebnisse kurz auf der Wandzeitung oder dem Wandfries festgehalten werden. Am Ende der Unterrichtseinheit werden alle Teilergebnisse noch einmal reflektiert, vervollständigt und offene Fragen besprochen. Aus dieser Dokumentation ergeben sich auch die verbindlichen Inhalte für die Leistungsüberprüfung.

**Tipps**

Anstelle einer Zeitleiste in Form eines Wandfrieses kann auch eine Perlenkette aufgefädelt werden: Jede Perle symbolisiert ein Jahr. Immer 10 Jahre werden in der gleichen Farbe dargestellt. Ein neues Jahrhundert beginnt mit einer anderen Farbe oder einer größeren Perle. Mit einem Faden werden Bilder und kurze Texte zum jeweiligen Jahr aufgehängt. Ich habe so z. B. sehr anschaulich die Jubiläumsfeier „1200 Jahre Magdeburg" mit einer 3. Klasse dargestellt.

# 26 Litfaßsäule

Eine Litfaßsäule diente ursprünglich zur Verbreitung von Informationen. Jeder wusste, wo in seiner Umgebung eine Litfaßsäule zu finden war. An der Litfaßsäule können Arbeitsergebnisse oder Informationen abschließend veröffentlicht werden.

### Ziele

Eine Litfaßsäule stellt einen zentralen Punkt bei der Veröffentlichung von Arbeitsergebnissen und Informationen dar. Die Schüler können immer wieder auf die Ergebnisse zurückgreifen und diese vergleichen. Die Arbeit verschiedener Klassen wird für andere Klassen transparent.

### Vorbereitung

Sie benötigen eine (runde) Säule. Vielleicht ist im Schulgebäude eine vorhanden, die umgestaltet werden kann. Anderenfalls kann eine Litfaßsäule im Kunst- oder Werkunterricht, z. B. aus Draht und Pappmaschee, gebaut werden. Achten Sie beim Einsatz im Schulhaus darauf, dass die Feuerschutzbestimmungen eingehalten werden.

## So geht's

Es gibt verschiedene Varianten zur Nutzung einer Litfaßsäule, die innerhalb der Klasse, von mehreren Klassen oder der gesamten Schule verwendet werden kann. Für Aushänge an der Litfaßsäule gelten die gleichen Regeln und Abläufe wie beim Poster (vgl. Idee 19, S. 42).

**Nutzung als Wandzeitung**

- Eine Klasse gestaltet eine Wandzeitung zu einem Themenkomplex. Diese wird für die anderen Schüler öffentlich gemacht.
- Die Schule gestaltet eine Wandzeitung zu einem Themenkomplex. Mehrere oder alle Klassen beschäftigen sich mit dem gleichen Thema und steuern verschiedene Artikel bei, die an der Litfaßsäule veröffentlicht werden.
- Verschiedene Klassen steuern Beiträge zu verschiedenen Themen bei.

**Die Litfaßsäule als Informationsaustausch**

Die Schüler können die Säule ähnlich einem Schwarzen Brett nutzen. Sie kann sowohl für private Informationen (z. B. Verkäufe) als auch als schulisches Kommunikationsinstrument dienen. So können z. B. regelmäßige Knobelaufgaben, Geburtstage, Klassendienste oder Hausaufgaben an der Litfaßsäule publiziert werden.

## Tipps

Schlagen Sie auf einer Konferenz vor, an einem zentralen Ort im Schulgebäude eine Litfaßsäule aufzustellen, die abwechselnd von verschiedenen Klassen unterschiedlich gestaltet wird oder die als Informationstafel von den Klassen für die Klassen dient. Vielleicht ist ja sogar ein Pfeiler oder eine Säule dafür geeignet.

# 27 Szenisches Lernen (Darstellendes Spiel)

*„Die ganze Welt ist eine Bühne." (Shakespeare)*

Dies ist auch die Philosophie des szenischen Lernens: Elemente des Theaters werden in den normalen Regelunterricht, insbesondere den Fremdsprachenunterricht, integriert. Studien der Hirnforschung bestätigen dem szenischen Lernen im Fremdsprachenunterricht eine nachhaltige, bessere Wirkung als dem herkömmlichen Lernen.

## Ziele

Es soll erfahrungsbezogenes Lernen ermöglicht werden, das nicht nur Denkprozesse, sondern den ganzen Körper und die Sprache mit einbezieht. Dadurch beschäftigen sich die Schüler intensiver mit dem Thema, weil sie es „erleben" und Umsetzungsformen suchen. Dazu sind Kreativität und Handlungsaktivität gefordert, die Motivation steigt. Neben Sachkompetenzen erlangen die Schüler soziale Kompetenzen, weil sie sich in der Interaktion mit Mitspielern üben und Berührungsängste abbauen. Letztendlich werden auch Methodenkompetenzen aufgebaut, da umfangreiche Arbeitsvorhaben geplant und in einzelne Arbeitsschritte unterteilt werden müssen. Die Arbeit in Kleingruppen verlangt, dass sich die Schüler gegenseitig zuhören, Beiträge von anderen ansehen und bewerten.

## Vorbereitung

Für das szenische Spiel ist keine besondere Vorbereitung nötig. Allerdings müssen Sie die Schüler an diese Unterrichtsmethode heranführen, was in der Vorbereitung zu berücksichtigen ist. Überlegen Sie sich, in welcher Unterrichtssituation Sie mit welcher Form des szenischen Lernens Sprachhandlungen provozieren und ein möglichst ganzheitliches, nachhaltiges Lernen fördern können.

**So geht's**

Elemente des Theaterspiels können Sie in folgenden Formen in den Unterricht einbauen:

- **Pantomime**
  Die gesprochene Sprache wird völlig durch Körpersprache ersetzt. Gefühle werden auf diese Weise viel intensiver wahrgenommen.

- **Pantomime mit Kommentatorstimme**
  In dieser Übung sind die gesprochene Sprache und die Körpersprache getrennt. Es gibt drei Varianten:

  → **Simultane Dramaturgie**
  Dabei erzählt ein Schüler eine Geschichte oder berichtet von einem Erlebnis. Eine andere Gruppe stellt währenddessen das Erzählte dar.

  → **Kollektives Erzählen**
  Die Schüler werden in zwei Gruppen geteilt. Die erste Gruppe übernimmt die gesprochene Sprache ohne jede Körpersprache. Die zweite Gruppe stellt simultan den nonverbalen Teil dar. Je ein Mitglied von Gruppe 2 entspricht einem Sprecher von Gruppe 1.

  → **Marionette**
  Zwei Schüler stehen hintereinander. Der hintere Schüler spricht. Der vordere Schüler übernimmt die Bewegungen des Sprechers und bewegt passend zu den gesprochenen Sprachhandlungen und zum sprachlichen Ausdruck seinen Körper.

- **Sketch**
  Im Sketch wird ein kurzer Zusammenhang des Lernstoffs karikierend dargestellt. Dabei stehen Übertreibung und Humor im Mittelpunkt. Dadurch kann ein interessanter Reflexionsprozess über Besonderheiten ausgelöst werden.

- **Rollenspiel**
  Im Rollenspiel übernehmen die Schüler eine fremde Rolle. Indem sie die Rolle spielen, setzen sie sich mit ihr auseinander, lernen andere Gefühle kennen und fremde Sichtweisen verstehen.

- **Standbild**
  Die Schüler stellen eine Situation oder einen Sachverhalt nach: Eine Gruppe formt eine weitere Schülergruppe so, dass sie die Situation ähnlich einem Denkmal darstellt.

  Neben den vorgestellten Formen können Sie auch kleinere Elemente des Theaterspiels übernehmen. Dazu gehören:

- **Eine Aussage auf unterschiedliche Weise sprechen**
  Ein Satz wird im Chor laut, leise, langsam, schnell, ärgerlich, ängstlich, verliebt usw. gesprochen. Einen zusätzlichen Anreiz gibt das Sprechen in Gruppen gegeneinander, z. B. Mädchen gegen Jungs, linke Klassenhälfte gegen rechte Hälfte usw.

- **Einen Sachverhalt oder eine Person imitieren**
  Alle Schüler bewegen sich wie der Soldat, der König, ein Verwundeter, ein Gefangener, ein Bestohlener usw. Dabei laufen die Schüler frei durch die Klasse und hören auf Ihre Anweisungen oder auf die eines Schülers. In einer anschließenden Reflexionsrunde tauschen sich alle über ihre Empfindungen und Erfahrungen aus.

- **Unterstützend zum Lernstoff Bewegungen zuordnen**
  Diese Methode kann schon beim Schreibenlernen angewendet werden. Jedem Buchstaben wird unterstützend ein passendes Handzeichen zugeordnet.

  Schwierige Stellen (z. B. Endlaut t oder d) können die Kinder mithilfe des Handzeichens erkennen. Sprechen Sie Wörter dabei häufig besonders gedehnt, um auf Stolperstellen aufmerksam zu machen oder Schüler mit Problemen zu unterstützen. Diese Methode, die sogenannte Pilotsprache, ist insbesondere sehr hilfreich bei Schülern mit Lese-Rechtschreib-Schwäche oder Schülern mit Schwierigkeiten im auditiven oder sprachlichen Bereich. Außerdem eignet sie sich sehr gut für Inklusionsklassen, da schwächere oder schwerhörige Schüler die unterstützende Hilfe durch die Pilotsprache in Anspruch nehmen können.

  Im Fremdsprachenunterricht führen die Schüler, während sie die Vokabel aussprechen, ein passendes Handzeichen aus. Durch die Verknüpfung wird der Lerneffekt erhöht.

Szenisches Lernen können Sie nahezu in allen Fächern und zu jeder Unterrichtsphase nutzen. Alle beschriebenen Formen sind für den Abschluss einer Unterrichtsstunde oder meist auch -einheit geeignet. Wichtig ist, dass Sie sich mit der Form identifizieren und sich die Durchführung vorstellen können.

Nachfolgend gebe ich ein paar Ideen für die Umsetzung in verschiedenen Fächern:

- **Deutsch**
  Szenische Umsetzung von Gedichten oder Balladen; Märchen lesen und spielen; Kurzgeschichten spielen; Erlebnisse nachspielen ...
- **Mathematik**
  Bau von Standbildern zum Thema Formen; Auseinandersetzung mit Begriffen „weniger", „mehr", „dazukommen", „wegnehmen"; pantomimische Darstellungen von Rechengeschichten ...
- **Naturwissenschaften/Sachkunde**
  Nachspielen von Versuchen, z. B. Vakuumversuch mit Magdeburger Halbkugeln; Entdecker im Tierreich ...
- **Fremdsprachen**
  Abschluss der Stunde oder der Einheit durch Nachspielen von kurzen Szenen zur Festigung des Sprachgebrauchs: nach der Uhrzeit fragen, einkaufen, am Bahnhof, bei der Post; Aufführung eines Sketches, Reimes oder kurzen Theaterstücks; pantomimisches Spielen und Erraten von Vokabeln ...
- **Geschichte**
  Nachspielen geschichtlicher Ereignisse; Bau von Standbildern zu geschichtlichen Begebenheiten ...
- **Sozialkunde**
  Nachspielen von Konfliktsituationen; Bewerbungsgespräch; Standbild zum Thema „typisch Junge/typisch Mädchen"; Gewalt ...

Zum Abschluss sollte immer eine Auswertungsphase stattfinden, in der die Lerngruppe das szenische Lernen reflektiert und ggf. Verbesserungs- oder Veränderungsvorschläge vorbringen kann.

### Tipps

Versuchen Sie, regelmäßig Elemente des szenischen Lernens in Ihren Unterricht einzubauen. Dadurch gewöhnen Sie die Schüler an die Vorgehensweise und diese können selbstständiger arbeiten.

Während der Durchführungsphase, in der die Schüler ihr Spiel entwickeln, sowie bei der Vorstellung sollten Sie sich weitgehend zurückhalten.
Die Bewertung und Fehlerkorrektur sollte in den Hintergrund treten, da das szenische Lernen eher als Werkzeug denn als Lernziel verstanden werden will.

# 28 Monatsabschluss/Forum

Das Forum ist eine Plattform zur Präsentation der Arbeitsergebnisse, möglichst über die Klassengrenzen hinaus.

### Ziele

Arbeitsergebnisse werden einem größeren Publikum zugänglich gemacht. Außerdem sollen die Schüler lernen, sich in einer großen, altersgemischten Gruppe zu orientieren. Sie sollen ihren Mitschülern zuschauen/zuhören und sich angemessen und rücksichtsvoll verhalten.
Durch die Präsentation sollen die Schüler motiviert und angeregt werden, ebenfalls „vorzeigbare" Leistungen zu erbringen und neue Ideen zu entwickeln.

### Vorbereitung

In einer Konferenz sollten sich alle Lehrer einigen, wie häufig ein Forum stattfindet. Es gibt Schulen mit wöchentlichen Foren. In meiner Schule führten wir jeden Monat einen Monatsabschluss durch. An Grundschulen sollte das Forum nicht länger als 60 Minuten dauern, da sonst die Konzentration nachlässt.

Es ist ratsam, dass eine Klasse das Forum leitet, um einen reibungslosen Ablauf zu garantieren. Dazu sammelt die Klasse vorab alle Beiträge, koordiniert sie und moderiert das Forum. Die einzelnen Darsteller sollten wissen, wann sie an der Reihe sind.

## So geht's

Alle Schüler kommen in der Aula oder Turnhalle zusammen, um ausgewählte Arbeitsergebnisse zu präsentieren. Sollte dies aus organisatorischen Gründen nicht möglich sein, können alternativ kleinere Foren in den einzelnen Klassenstufen oder zwischen Partnerklassen angeboten werden. Eine Klasse ist für das Forum verantwortlich, d. h., sie hat die Beiträge gesammelt, geordnet und führt nun durch das Programm.

Einige Präsentationsformen eignen sich besonders für das Forum. Dazu gehören Lieder, Gedichte, Akrobatik, kleine Theaterszenen, Finger- und Stabpuppenspiele, kurze Filme oder eine Fotopräsentation.

## Tipps

Beginnen und schließen Sie das Forum mit einem gemeinsamen Lied. Vielleicht gibt es ja sogar eine Schüler- oder Lehrerband, die diesen Teil übernehmen kann.

Stellen Sie die Beiträge der jüngeren Schüler an den Anfang, da die Kinder häufig sehr aufgeregt sind. Dadurch entsteht ein Spannungsbogen, der zu immer anspruchsvolleren Beiträgen führt und deshalb die Aufmerksamkeit der Beteiligten aufrechterhält. Sorgen Sie für abwechslungsreiche Beiträge und begrenzen Sie das Programm.

# Ideen 29–35

## Rituale

Sinnstiftende Rituale sind für Kinder sehr wichtig. Sie geben ihnen einen Rahmen, in dem sie sich bewegen können. Je klarer eine Struktur vorgegeben ist, umso freier und selbstständiger können die Kinder darin agieren. Rituale geben außerdem Sicherheit, indem sie den Kindern ermöglichen, wiederkehrende Unterrichtshandlungen leicht einzuprägen. Achten Sie aber darauf, dass die Regeln und Rituale, die Sie einführen, auch wirklich umzusetzen und weiterzuverfolgen sind. Zu viele oder unnütze Rituale schränken Sie in Ihrem Handeln ein und setzen Sie unter Stress, weil Sie nicht mehr frei planen können.

## 29 Verabschieden

In den letzten Jahren habe ich immer häufiger beobachtet, dass eine Verabschiedung keinen so großen Stellenwert mehr in der Gesellschaft hat: Am Ende einer Klassenfahrt, eines Ausflugs oder nach dem Schultag holen Eltern ihr Kind grußlos ab und verschwinden mit ihm.
In meinen Augen ist die Verabschiedung ein sehr wichtiges Ritual, da sie einerseits zu einem höflichen Umgang miteinander gehört und dadurch auf der anderen Seite bewusst die Verantwortung und Aufsichtspflicht abgegeben wird.

### Ziele

Die Schüler erlernen einen höflichen Umgang miteinander. Sie wissen, dass eine bestimmte Phase endet, und können sich darauf einstellen.

### Vorbereitung

Für die meisten Formen der Verabschiedung ist keine besondere Vorbereitung notwendig.

Für einige Rituale werden unterschiedliche Materialien benötigt.

So geht's

### Einfacher Abschiedsgruß

Der einfache Abschiedsgruß sollte, auch wenn er wohl in den meisten Klassen praktiziert wird, möglichst selten Verwendung finden, da er einseitig ist: Der Lehrer verabschiedet die Schüler und beendet somit die Stunde. Die Schüler haben keine Gelegenheit, einen Gruß zu erwidern. Wenigstens am Tagesende sollte es möglich sein, einen Gruß zu finden, den beide Seiten erwidern. Hierfür gibt es verschiedene Varianten:

### Individueller Abschiedsgruß

Bei dieser Variante wird jedes Kind einzeln verabschiedet. Der Ablauf kann unterschiedlich sein:

- Jedes Kind kommt, bevor es den Raum verlässt, noch einmal zum Lehrer und verabschiedet sich.
- Abschiedskette: Alle Schüler stellen sich in einen Kreis oder eine Reihe. Der erste beginnt, an jedem vorbeizulaufen und ihm die Hand zu schütteln, der zweite folgt usw. In ganz kurzer Zeit haben sich auf diese Weise alle die Hand gegeben. Eine Variante ist, dass sich die Schüler leger „abklatschen".

### Spezielle Verabschiedungsrituale

Ähnlich den Begrüßungsritualen werden insbesondere in den unteren Klassen häufig besondere Rituale zur Verabschiedung eingesetzt. Dies kann z. B. das Einspielen einer Melodie oder eines Schlussliedes sein, die signalisierten, dass die Verabschiedung beginnt, die Schüler die Arbeit beenden und z. B. in den Kreis kommen oder einpacken.

Anschließend kann die eigentliche Verabschiedung erfolgen:

- Alle Schüler stehen im Kreis und fassen sich bei den Händen. Die angefassten Hände werden hochgehalten. Nun darf sich jeder Schüler mit einem selbst gewählten Satz von der Klasse verabschieden (z. B. „Ich wünsche euch einen schönen Nachmittag.", „Mir hat der Tag mit euch viel Spaß gemacht" ...). Während der Schüler spricht, nimmt er seinen rechten Arm herunter. Dadurch entsteht zusätzlich eine Art Welle.

- Es wird ein gemeinsamer Kehrvers gesprochen, der durch Bewegungen unterstützt werden kann.
- Eine weitere Möglichkeit ist es, zum Abschluss einen speziellen Gruß weiterzuschicken. Dies kann im Stile der „Stillen Post" geschehen. Allerdings darf hierbei nachgefragt werden, wenn der Gruß nicht verstanden wurde, da er auch bei der letzten Person richtig ankommen soll. Durch diese Art üben die Schüler, sich gegenseitig genau zuzuhören. Ein Gruß kann auch im Kreis stehend über einen Händedruck weitergegeben werden.

### Tipps

Achten Sie auf eine ruhige Atmosphäre und darauf, dass alle Kinder am Ritual teilnehmen. Verdeutlichen Sie den Kindern, dass es wichtig ist, sich bewusst zu verabschieden.

## 30 Lied

Eine Sonderform der Verabschiedung ist das Lied. Es kommt insbesondere in den unteren Klassenstufen sowie im Fremdsprachenunterricht zum Einsatz.

### Ziele

Durch das Lied wird eine Phase bewusst abgeschlossen. Die Schüler wissen, dass die Phase beendet ist, wenn das Lied ertönt oder gesungen wird.
Die nonverbale Kommunikation wird gefördert.

### Vorbereitung

In der Regel ist keine spezielle Vorbereitung notwendig, es sei denn, Sie benötigen bestimmte Instrumente. Stellen Sie sicher, dass Sie das Lied gut kennen oder dass Ihnen der Text und/oder Noten vorliegen.
Alternativ wird ein Lied aus einer Audioquelle abgespielt. In diesem Fall benötigen Sie die entsprechenden Geräte.

## So geht's

Zusammen wird ein bestimmtes Lied gesungen. Hierbei kann es sich entweder immer um das gleiche Lied handeln (meist im Fremdsprachenunterricht, z. B. ein Song aus dem Lehrbuch) oder Sie wählen es aus einem Fundus von Liedern aus.

Zu dem Lied können bestimmte Bewegungen durchgeführt werden.
Dadurch lockern sich die Kinder noch einmal und das Ritual wird gestärkt.

Auch Phasenabschlüsse während der Stunde können mithilfe eines Musikstücks oder Liedes wortlos eingeleitet werden: Sollen die Schüler die Arbeitsphase beenden, spielen Sie ein bestimmtes Lied ein. Die Schüler haben bis zum Ende des Liedes Zeit, ihren Arbeitsschritt zu beenden und den Platz aufzuräumen. Der Vorteil dieser Methode, im Gegensatz zum verbalen Beenden oder Beenden durch ein akustisches Signal, liegt darin, dass die Schüler nach kurzer Zeit genau einzuschätzen lernen, wie lange sie noch Zeit haben und ihren Arbeitsschritt besser abschließen können (z. B. noch den Satz zu Ende schreiben oder das Bild zu Ende malen).

## Tipps

Erarbeiten Sie mit den Kindern eine kleine Liedauswahl. Lassen Sie die Schüler entscheiden, welches Lied gesungen wird. Auf diese Weise verhindern Sie, dass die Schüler sich langweilen und das Lied nur „herunterleiern". Außerdem sprechen unterschiedliche Lieder unterschiedliche Kinder an.

Dieses Ritual kann abgerundet werden, indem die Stunde bereits mit einem Lied begonnen wird. Eingängige Lieder als Rituale für jeden Tag finden Sie z. B. auf dieser CD: „Vom Frühstückssong zum Abschiedsgong – Musikalische Rituale für den Schulalltag", Best.-Nr. 60608, erschienen im Verlag an der Ruhr.

# 31 Abschlusskreis

Ein weitverbreitetes Ritual ist der Morgenkreis, der die Woche oder den Tag einleitet. Ein ebenso wichtiges Ritual stellt der Abschlusskreis dar. Im Abschlusskreis wird die Woche noch einmal reflektiert. Anders als im Gesprächskreis (vgl. Idee 6, S. 21) steht hierbei die soziale Dimension im Vordergrund.

## Ziele

Im Abschlusskreis reflektieren die Schüler die Stunde, den Tag oder die Woche. Die Schüler lernen, ihre Meinung zu äußern und zu begründen. Das soziale Lernen und demokratische Haltungen werden gefördert.

## Vorbereitung

In die Kreismitte können, insbesondere für jüngere Schüler, Gegenstände gelegt werden, die das Kreisgespräch unterstützen (Bildkarten, vgl. Idee 49, S. 97; Gefühlskarten, vgl. Idee 50, S. 98 – oder Dinge, mit denen die Unterrichtsreflexion erleichtert wird).

Für einen Kreis im Stile eines Klassenrates, z. B. zum Wochenabschluss, kann es sinnvoll sein, einen Kreissprecher zu wählen. Dieser sammelt schon im Voraus Punkte, die besprochen werden sollen, und lenkt das Gespräch.

## So geht's

Aufgrund der natürlichen Anordnung des Kreises ist es besonders förderlich, soziale Themen anzusprechen. Dies kann von der Regelfindung über Abstimmungen, Entscheidungen und Selbst- sowie Fremdeinschätzung bis hin zu Konfliktgesprächen gehen. Der zentrale Vorteil gegenüber anderen Formen besteht im direkten Blickkontakt aller Beteiligten und darin, dass alle gleich weit vom Mittelpunkt entfernt sind, es also keine etwaigen Hierarchien in der Sitzordnung gibt. Neben dem normalen Kreisgespräch können auch besondere Formen des Feedbacks genutzt werden (vgl. Ideen zu „Reflexion und Feedback", ab S. 95)

## Tipps

Versuchen Sie, den Raum so zu gestalten, dass das Zusammenkommen möglichst unkompliziert und ohne großen Aufwand möglich ist. Auch ein Oval statt eines Kreises ist möglich. Wichtig ist jedoch, dass alle Schüler im Kreis und keiner weiter außen in einer zweiten Reihe sitzt. Dies führt zu einem Gefühl der Außenseiterrolle und Passivität. Manche Schüler wählen einen solchen Sitz absichtlich. Achten Sie darauf, diese Schüler vor Kreisbeginn zu integrieren.

Verabreden Sie mit den Schülern ein gemeinsames Signal, das dazu auffordert, in den Kreis zu kommen. Dies kann z. B. das Einspielen von Musik oder das Anschlagen einer Klangschale sein. Auch optische Signale, wie ein magnetisches Tafelschild mit dem „Kreiszeichen", können den Schülern eine Orientierung sein.

Um es den Schülern zu erleichtern, anderen nicht ins Wort zu fallen, können Sie eine haptische Hilfe benutzen: Füllen Sie einfach einen Luftballon mit etwas Sand, kaufen einen Knetball oder nehmen einen schönen Stein und schreiben „Wort" darauf. Nur wer den Gegenstand gerade in der Hand hält, hat das „Wort", darf also reden. Kindern hilft es außerdem manchmal, beim Reden den Ball kneten zu können. Ist der Erzähler fertig, gibt er das „Wort" weiter.

Um zu differenzieren, ob ein vorheriger Beitrag kommentiert werden möchte oder ob es sich um etwas Eigenes handelt, kann man verschiedene Meldungen vereinbaren. In meiner Klasse bedeutet eine Meldung mit beiden Armen, dass jemand den Beitrag eines anderen kommentieren möchte, während eine „normale" Meldung einen eigenen Beitrag anzeigt (der Wunsch, zur Toilette gehen zu wollen, wird durch ein „T", das wie beim Sport das Zeichen für „Auszeit" gebildet wird, angezeigt).

Besonders effektiv ist es, wenn die Schüler die Regeln selbst aufstellen und ein Schüler als „Kreis-Chef" auf deren Einhaltung achtet.

# 32 Entspannungs- und Ruheübungen

Aufgrund der medialen Überforderung und Reizüberflutung von Kindern und Jugendlichen gewinnt dieser Abschluss zunehmend an Bedeutung. Er eignet sich besonders als Abschluss für eine „turbulente" Stunde, in der die Schüler handlungsorientiert und eigenständig gearbeitet haben.

## Ziele

Da sich (kognitive) Aufgaben besser in einem Zustand der Entspannung angehen und lösen lassen, sollen sich die Schüler mithilfe von Entspannungs- und Ruheübungen innerlich sammeln, um das Thema der Stunde evtl. noch einmal Revue passieren und anschließend innerlich abschließen zu können.

Dabei sollen sie ihre Fähigkeiten zur Fantasie, zur Einbildungskraft und zur Assoziation nutzen und entfalten. Die Aufnahmebereitschaft für ein neues Thema wird erhöht.

## Vorbereitung

Um den hektischen Alltag und damit verbundene Gedanken loslassen zu können, ist die wichtigste Vorbereitung, die benötigten Rahmenbedingungen zu schaffen: Die Atmosphäre muss ruhig und entspannt sein. Dazu müssen alle Lärm- und Störquellen beseitigt oder zumindest minimiert werden. Unterstützend können auch das Abdunkeln des Raumes, Entzünden von Kerzen oder Verwenden indirekter Lichtquellen sowie das Vorspielen leiser, ruhiger Musik wirken. Bestimmte Positionsveränderungen der Kinder (Kopf auf die Tische, auf Matten oder Kissen legen) können sich ebenfalls positiv auf die Übung auswirken.

## So geht's

Mittlerweile gibt es eine Fülle an Ideen und Materialien zu Ruheübungen. Teilweise werden sogar Meditationen verschiedener religiöser Strömungen als Ruheübung im Unterricht genutzt (z. B. Malen von Mandalas, Yoga, Qi-Gong). Ich werde im Folgenden exemplarisch einige Übungen unterschiedlicher Art vorstellen, die Kindern helfen sollen, zur Ruhe zu kommen und sich (wieder) auf den Unterricht zu konzentrieren.

**Stilleübungen**
Stilleübungen sollen insbesondere motorisch sehr aktive Kinder dazu bringen, sich zu beruhigen, um anschließend aufnahmefähiger zu sein.
Die natürlichste Art der Stilleübung ist, gar nichts zu tun oder zu sagen. Fordern Sie die Kinder auf, sich entspannt hinzusetzen und ihren Kopf auf den verschränkten Armen auf dem Tisch abzulegen. Verabreden Sie eine Zeitspanne, in der gar nichts gesagt wird. Die Kinder sollen versuchen, an nichts Bestimmtes zu denken und nur auf die Umgebungsgeräusche zu hören. Die Zeitspanne sollte zu Beginn noch kurz, später immer länger werden, je geübter die Schüler sind. Da es Kindern häufig sehr schwer fällt, komplette Stille zu ertragen, können Sie während der stillen Zeit auch eine leise Musik im Hintergrund abspielen oder eine entspannende Geschichte vorlesen. Im Anschluss an die Übung können Eindrücke ausgetauscht werden.

**Fantasie- oder Traumreisen**
Fantasiereisen sind Übungen, die die eigene Vorstellungskraft beflügeln und dadurch eine innere Entspannung erzeugen sollen.

Während ein Text ruhig gesprochen wird, werden die Kinder angeregt, sich in die Situation der Geschichte zu versetzen. In ihrer Fantasie erzeugen sie eigene Vorstellungen und innere Bilder. Fortgeschrittene Reisende sind nach und nach in der Lage, Erinnerungen an Geräusche, Geschmäcker oder andere Empfindungen wieder ins Leben zu rufen. Im Laufe der Übung entspannt sich der Zuhörer immer mehr und sollte am Ende der Übung ausgeglichen und bereit sein, neue Eindrücke aufzunehmen.

**Fantasiereise: „Seegang"**

*Setze dich bequem hin und lege den Kopf auf deine Arme auf den Tisch.*
*Stelle dir vor, du bist in einem Boot auf dem Meer.*
*Du schließt deine Augen und spürst die sanften Wellen.*
*Sie heben und senken das Boot.*
*Der laue Wind trägt dich langsam über das Wasser.*
*Du blickst auf das Meer. Das Wasser ist tiefblau*
*und die Schaumkronen blitzen weiß im Sonnenlicht.*
*Du hörst den Wind leise über das Wasser streichen und die Wellen,*
*die an das Boot schlagen. In der Ferne siehst du eine Insel.*

*Die Insel ist voller Bäume und Sträucher.*
*Bunte Vögel flattern in den Baumkronen.*
*Ein breiter Strand umgibt die kleine Insel.*
*Das türkisblaue Wasser umspült den weißen Sand.*
*Du stellst dir vor, wie du am Strand liegst.*
*Der Sand ist warm; du fühlst dich wohl.*
*Deine Haut erwärmt sich von der Sonne.*
*Du hörst die Rufe der Seevögel, die über dir kreisen.*
*Ein seichter, warmer Hauch streift dir über das Gesicht. Du schläfst ein.*
*(Pause, Stille, freies Schweifen der Gedanken)*
*Eine sanfte Welle umspült deine Füße. Das Wasser kitzelt dich.*
*Du wachst auf und bist wieder hier. Du hast dich entspannt.*

**Tipps**

Erwarten Sie nicht, dass die Kinder beim ersten Mal sofort in der Lage sind, sich vollständig auf die Übung einzulassen. Weil viele Schüler absolute Ruhephasen nicht gewöhnt sind, kann es vorkommen, dass sie albern reagieren und mit der Situation nicht umgehen können. Beginnen Sie mit ersten, kurzen Übungen die keine absolute Stille erfordern, in der die Kinder z. B. motorisch aktiv sind (Partnermassage). Zur Einübung von Stilleübungen eignen sich insbesondere Stunden, in denen die Klasse aufgeteilt ist und Sie eine kleinere Schülerzahl haben.

Gestalten Sie Ihre abschließende Wiederholung als Fantasiereise: Dabei durchwandert z. B. der Wassertropfen noch einmal alle Stationen des Wasserkreislaufes oder ein Getreidekorn erzählt von den Stationen seines Lebens, vom Wachstum auf dem Feld, bis es als Scheibe Brot verspeist wird ...

## 33 Massage

Im Gegensatz zur Fantasiereise, in der die imaginären Vorstellungen im Mittelpunkt stehen, geht es bei Partnermassagen um eine ganzheitliche Körpererfahrung. Im normalen Alltag werden die meisten Reize visuell oder auditiv wahrgenommen. Dem Tastsinn wird weniger Bedeutung beigemessen. Dabei wird der Tastsinn für viele schulische und auch alltägliche Fertigkeiten benötigt.

Ein ausgeprägter Tastsinn ist für eine positive feinmotorische Entwicklung enorm wichtig.

Massagen sind sowohl zum Abschluss einer Stunde oder einer Phase geeignet als auch zur Auflockerung am Stundenbeginn oder zwischendurch.

## Ziele

Durch Partnermassagen soll die taktile Wahrnehmung sensibilisiert werden. Gleichzeitig soll das Berühren ein angenehmes Gefühl wecken und Vertrauen schaffen. Durch eine ruhige Atmosphäre, die teilweise auch durch Musik untermalt werden kann, können sich die Kinder beruhigen und neue Kraft sammeln. Für jüngere Schüler oder als Einstieg bieten sich Themenmassagen, wie Pizzabacken oder die Nilpferdmassage, an. Mit geübteren Kindern können Sie auch Massagen im Stile von Fantasiereisen durchführen, die zu passender Musik mit den Fingern erzählt werden.

## Vorbereitung

Für viele Massagen ist keine besondere Vorbereitung nötig.

## So geht's

Ein Kind sitzt auf seinem umgedrehten Stuhl und stützt Arme und Kopf auf die Lehne auf, während ein zweites Kind hinter ihm steht oder ebenfalls sitzt. Im Anschluss an die Massage wechseln die Kinder ihre Plätze. Es wird von vorn begonnen.

Alternativ bietet sich die Kreisform an: Dazu stehen oder sitzen alle Kinder und wenden sich dem linken Nachbarn zu. Bei dieser Variante muss nicht getauscht werden. Da alle gleichzeitig massieren und massiert werden. Dementsprechend können sich die Schüler auch nicht so tief auf die Massage einlassen, da sie selber aktiv sind.

Leiten Sie die Schüler kurz an, mit sanften Bewegungen und leichtem Druck zu massieren, dabei aber die Wirbelsäule auszusparen. Wichtig ist, dass alle sich wohlfühlen. Wer sich unwohl fühlt oder Schmerzen beim Massieren hat, soll sich auf jeden Fall bemerkbar machen.

**Pizzamassage**

*Zuerst wird der Teig geknetet* (Rücken kneten),

*dann wird er ausgerollt* (Hände zu Fäusten ballen und mit Fingerknöcheln streichen).

*Danach wird Tomatensoße darauf gestrichen* (mit den flachen Händen über den Rücken streichen).

*Nun wird die Pizza belegt* (die Schüler können die Zutaten selbst nennen):

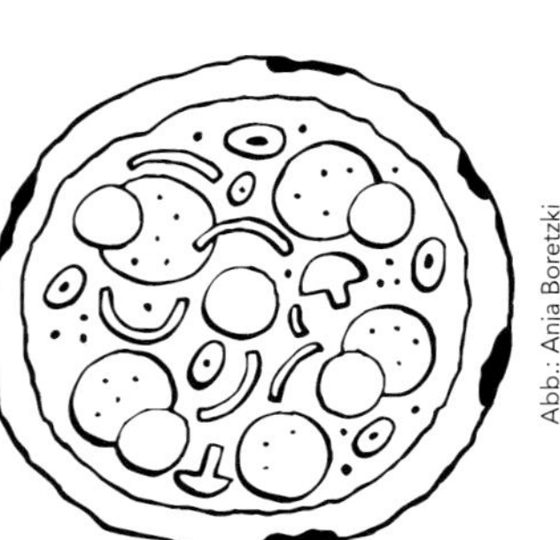

Abb.: Anja Boretzki

*Mais* (mit den Fingerspitzen trommeln),

*Zwiebeln* (mit der Fingerspitze Ringe auf den Rücken malen),

*Salami* (mit Fingerflächen Kreise auf dem Rücken verteilen),

*Käse* (mit ganzer Handfläche leicht klopfen),

*Jetzt die Pizza in den heißen Ofen schieben* (Hände aneinanderreiben und auf den Rücken legen).

**Nilpferdmassage**

*Das Nilpferdkind geht spazieren* (mit Fäusten über den Rücken „laufen").

*Es spielt im Matsch* (Streichbewegungen mit der flachen Hand).

*Dann plantscht es im Wasser* (spritzen, leichte Berührung mit den Fingerspitzen).

*Nun spielt es wieder im Matsch.*

*Danach läuft es nach Hause* (mit Fäusten oder der flachen Hand).

*Mama wäscht das Kind* (mit den Handflächen reiben)

*und seift es ein* (Hände zu Fäusten ballen und mit Fingerknöcheln streichen).

*Iih! Da sind noch Schmutzstückchen in der Haut* (mit dem Pinzettengriff leicht kneifen)!

*Jetzt rubbelt Mama es trocken* (Rücken reiben und rubbeln)

*und deckt es mit einer warmen Decke zu* (Hände aneinanderreiben und auf den Rücken legen).

*Das kleine Nilpferd fühlt sich wohl und schläft ein.*

Abb.: Norbert Höveler

## Tipps

Bei Partnerübungen sollten Sie die Kinder nicht zwingen, mit dem Platznachbarn zusammenarbeiten zu müssen. Da es um Körperberührungen geht, ist es wichtig, dass die Partner in einem vertrauensvollen Verhältnis zueinander stehen und ihnen Berührungen angenehm sind. Kinder, die nicht teilnehmen wollen, sollten nicht gezwungen werden. Sie müssen sich während der Durchführung jedoch absolut ruhig verhalten.
Mehr zum Thema:

- www.tutmirgut.net/entspannung.html
- Deister, Marion; Horn, Reinhard: „Streichelwiese. Ganzheitliche Körpererfahrung für Kinder. Geschichten, die mit den Fingern erzählt werden", Kontakte Musikverlag 1988.
- www.fantasiereisen.com
- Stöhr-Mäschl, Doris: „Ruhe tut gut", Verlag an der Ruhr, 2008.
- Holterdorf, Ilona; Proßowsky, Petra: „Kleine Yoga-Rituale für jeden Tag", Verlag an der Ruhr, 2010.

# 34 Aufräumen

Die Schüler sollten möglichst früh lernen, dass Aufräumen einen wichtigen Abschluss der Arbeitsphase bildet. Auf diese Weise übernehmen sie Verantwortung und lernen, sorgfältig mit Materialien umzugehen und sich selbst zu organisieren. Gleichzeitig werden Sie als Lehrer entlastet.

### Ziele

Die Schüler lernen, verantwortlich mit Materialien umzugehen.
Die Selbstorganisation wird gefördert.

### Vorbereitung

Vereinbaren Sie ein Zeichen, das die Aufräumphase einleitet (Glocke anschlagen, Musikstück einspielen).

## So geht's

Erklingt das vereinbarte Signal, wissen die Schüler, dass die Arbeitsphase zu Ende ist und sie aufräumen müssen. Trainieren Sie das Aufräumen ganz bewusst, indem Sie z. B. zwei Kinder auswählen, die auf die Einhaltung der Aufräumregeln (leise und umsichtig sein, Materialien zurücklegen, Urzustand wiederherstellen) achten. Werten Sie das Ergebnis im Anschluss aus.

Abb.: Anja Boretzki

*Die Klangschale kann gut als Signal zur Aufräumphase* ***genutzt werden.***

## Tipps

Die Schüler können umso besser aufräumen, je strukturierter und übersichtlicher das Klassenzimmer gestaltet ist.
Achten Sie darauf, dass Dinge nicht über der Erreichbarkeit der Schüler abgelegt werden. Räumen Sie Schränke nicht zu voll. Nur dann ist es den Kindern möglich, Materialien eigenhändig zurückzustellen. Achten Sie auf Übersichtlichkeit. Sortieren Sie Materialien nach Fächern oder Themenbereichen. Beschriften Sie die Schränke. In Anfangsklassen ist es sinnvoll, anhand von Fotos vorzugeben, wie der Ausgangszustand aussah. Richten Sie ein überschaubares Ordnungssystem (Ablage, Stehsammler, Fach, Schuhkarton ...) für jedes Kind ein. Markieren Sie auch die Mülleimer (Mülltrennung).

Seien Sie diszipliniert und achten Sie selbst auf Ordnung und Sauberkeit Ihrer Sachen. Es fällt leichter, in einem sauberen, übersichtlichen Raum Ordnung zu halten als in einem überfüllten, vollgestellten Zimmer.

# 35 Briefkastenleerung

2-mal wöchentlich habe ich in meiner Schulanfangsphasenklasse den Schultag mit der Leerung des Klassenbriefkastens abgeschlossen.

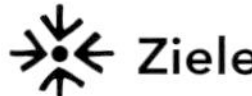

## Ziele

Der Briefkasten motiviert die Schüler zum freien Schreiben. Der Schriftspracherwerb wird gefördert. Sie lernen, Kommunikationsregeln einzuhalten. Außerdem ermöglicht der Briefkasten einen weiteren Kommunikationskanal, mit dessen Hilfe schüchterne Kinder eine Möglichkeit haben, Dinge anzusprechen.

## Vorbereitung

Basteln Sie einen Klassenbriefkasten. Dazu kann ein Schuhkarton umgestaltet werden. Gut geeignet ist auch ein Packset der Deutschen Post. Bekleben Sie den Briefkasten mit Folie und schreiben Sie mit einem abwischbaren Folienstift die Leerungszeiten auf. Im Dienste-Plan kann es einen Postdienst/ Briefträger geben, der z. B. 2-mal in der Woche den Briefkasten leert und anfallende Briefe bei den Schülern verteilt.

## So geht's

Nachdem die grundlegenden Elemente eines Briefes thematisiert wurden, dürfen sich die Schüler gegenseitig oder Ihnen Briefe schreiben. Der Briefkasten wird ein- oder mehrmals in der Woche geleert.

Für das Briefeschreiben sollten diese zwei Regeln gelten:
Es werden keine Beschimpfungen/Beleidigungen geschrieben und der Brief darf nicht unter falschem Namen verfasst werden. Von Zeit zu Zeit ist es für die Kinder schön und motivierend, wenn sie auch einen Brief von Ihnen erhalten.

## Tipps

Sollte ein Schüler niemals Post bekommen, kann eine „geheime Persönlichkeit" oder ein Klassentier ihm schreiben. Motivieren Sie die Kinder dazu, auf alle erhaltenen Briefe auch wertschätzend zu antworten.

# Ideen 36–47

# Spiele zum Abschluss

Trotz sehr guter Planung kann es passieren, dass die Bearbeitung des Stoffes so zügig lief, dass am Ende der Stunde noch einige Minuten verbleiben. Die folgenden Spiele helfen dabei, diese Zeit sinnvoll und motivierend zu nutzen. In mehreren Ideen wird dabei der Stoff noch einmal wiederholt und somit gefestigt.

## 36 Klatschrunde

Bei dieser Idee ist kurz vor Stundenende noch einmal volle Konzentration gefordert.

### Ziele

Mit der Klatschrunde werden die Bewegung, die Koordination und die Konzentration gefördert. Die Schüler müssen gegenseitig sehr auf sich achten.

### Vorbereitung

Es ist keine Vorbereitung nötig.

### So geht's

Die Schüler sitzen oder stehen im Kreis. Nacheinander klatschen alle Schüler im Uhrzeigersinn einmal in die Hände. Klatscht ein Schüler schnell doppelt in die Hände, wird die Richtung gewechselt. Wird das Spiel im Wettbewerb gespielt, scheiden diejenigen Schüler aus, die an der falschen Stelle geklatscht haben. Der letzte Schüler, die letzten drei Schüler oder diejenigen Schüler, die nach einer abgesprochenen Zeit noch im Spiel sind, haben die Runde gewonnen.

### Tipps

Von dieser Idee gibt es noch eine schwierigere Variante: Dazu sitzen alle Schüler um eine große Tischgruppe und haben ihre Hände flach auf den Tisch gelegt. Nun schiebt jeder Schüler seinen rechten Arm unter dem linken Arm des Nachbarschülers durch. Der Reihe nach schlagen die Schüler einmal mit der flachen Hand auf den Tisch. Aber Achtung: Zwischen den eigenen Händen liegt dieses Mal eine fremde Hand, die vorher an der Reihe ist. Durch schnelles, zweimaliges Klopfen wird die Richtung gewechselt. Bei einem Fehler wird die betroffene Hand weggenommen und unter den Tisch gehalten. Jeder Schüler hat also eine zweite Chance, bevor er aus dem Spiel ausscheidet.

## 37 Buchstabensalat

Die Idee eignet sich gut als Lückenfüller, wenn noch ein paar Minuten zum Stundenklingeln verbleiben.

### Ziele

Bei dieser Idee werden sowohl die orthografischen Kompetenzen als auch die Konzentration gefördert.

### Vorbereitung

Es wird lediglich eine Tafel benötigt.

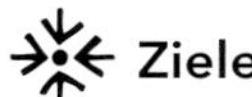

### So geht's

Geben Sie einen zeitlichen Rahmen vor und schreiben Sie ein langes Wort an die Tafel. Die Schüler sind nun aufgefordert, aus den Buchstaben des Wortes möglichst viele neue Wörter zu bilden. Abschließend werden die Wörter des Siegers vorgelesen und überprüft. Hat er wirklich gewonnen, darf er das nächste Wort vorgeben.
Beispiel „Theatervorhang“: Tee, vor, Hang, er, Vater, Tat, Ohr, gern …

### Tipps

Das Spiel kann auch jeweils im Paar oder in 4er-Gruppen gegeneinander gespielt werden.

# 38 Tafelfußball/Fußballquiz

Das Fußballquiz ist eine spielerische Variante, um Unterrichtsinhalte abzufragen. Der Vorteil dieser Methode liegt darin, dass das Spiel im Wettbewerb gespielt wird. Es gibt aber durch geschicktes Vorgehen des Lehrers meist nur eine knappe Gewinnermannschaft oder einen Ausgleich.

Inhaltlich eignet sich jeder Unterrichtsstoff, der mit einer kurzen Antwort (möglichst nicht mehr als zwei Wörter) beantwortet werden kann.

## Ziele

Durch den spielerischen Wettbewerbsrahmen werden die Schüler motiviert, sich mit dem Lernstoff auseinanderzusetzen und Aufgaben zügig und richtig zu bearbeiten.

## Vorbereitung

Basteln Sie sich einen magnetischen „Fußball". Suchen Sie sich im Internet eine Fußballvorlage (Ø 15–20 cm), laminieren Sie diese und versehen Sie sie mit Magnetfolie oder einem Magneten.

Vor Spielbeginn wird die Klasse in zwei Mannschaften geteilt (z. B. „1. FC Wand" und „1. FC Fenster"). Zeichnen Sie einen Anstoßpunkt mittig an die Tafel, an den gegenüberliegenden Seiten zwei Tore und zwischen Tor und Anstoßpunkt jeweils zwei weitere Punkte. Heften Sie dann den Ball in die Mitte auf den Anstoßpunkt.

## So geht's

Stellen Sie die erste Frage. Das Team, das die Frage richtig beantwortet, vollzieht damit einen Schuss in Richtung gegnerisches Tor. Ziehen Sie dementsprechend den Ball auf den nächsten Punkt in Richtung gegnerisches Tor. Mit der nächsten Frage kann der Ball entweder zurück zum Anstoßpunkt rollen, wenn nun die andere Mannschaft schneller ist, oder auf dem Punkt, der nur noch einen Schuss (eine Frage) vom Tor entfernt ist, landen. Das erste Tor kann also frühestens nach drei Fragen fallen. Meist geht der Ball bei fairer Mannschaftszusammensetzung häufig hin und her, bevor ein Tor fällt.

## Tipps

Um die einzelnen Schüler mehr zu berücksichtigen und damit auch leistungsschwächeren oder zurückhaltenden Kindern die Möglichkeit zum Antworten zu geben, spiele ich alternativ zwar auch in zwei Mannschaften, stelle aber immer jeweils einem Kind aus jeder Mannschaft eine Frage. Meist entscheide ich dabei, welche beiden Schüler gegeneinander spielen. Durch geschicktes Auswählen ist der Spielverlauf meist sehr ausgeglichen. In dieser Spielvariante besteht auch die Möglichkeit, dass Sie die Kinder so auswählen, dass gerade der zurückhaltende Schüler mit wenigen Erfolgserlebnissen für die Mannschaft „zufällig" ein Tor schießt.

In Klassen, die mit dem Spielverlauf vertraut sind oder deren Leistungsstand ich nicht gut kenne (Vertretungsstunden), lasse ich die Schüler selbst entscheiden, wer ihr Gegner sein soll. Einzige Bedingung dabei ist, dass jedes Kind einmal pro Runde an der Reihe sein muss. Da die Mannschaften meist recht ausgeglichen sind, müssen die Schüler sehen, dass sie sich sinnvolle Partner wählen. Wählt ein leistungsstarker Schüler einen leistungsschwachen, bleibt für einen anderen leistungsstarken der anderen Gruppe auch nur ein leistungsschwacher. Dementsprechend macht es keinen Sinn, sich einen ungleichen Gegner zu suchen.
Das Spiel eignet sich sehr gut zur Ergänzung, wenn noch einige Minuten Unterrichtszeit zu überbrücken sind.

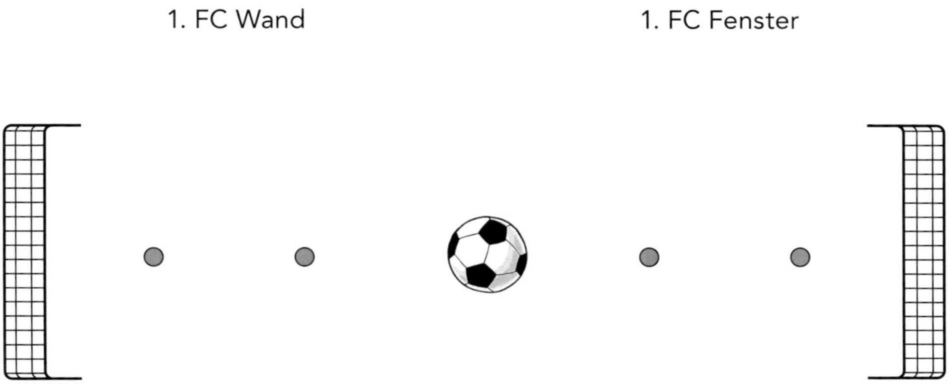

1. FC Wand

1. FC Fenster

# 39 Abfrage-Quiz

Dieses Spiel ist eine Variante des Abfragens.

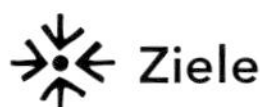

Die Schüler wiederholen und festigen Lerninhalte auf spielerische Weise. Die Lehrkraft erhält somit eine Rückmeldung über den Wissensstand.

### Vorbereitung

Bereiten Sie Quizkarten mit Fragen zum Thema vor (mindestens in Klassenstärke). Die Antworten werden auf der Rückseite der Karte vermerkt.

### So geht's

Ein Schüler wird als Quizmaster bestimmt. Er stellt die Fragen. Die Befragten können sich freiwillig melden oder werden per Los bestimmt. Es kann auch in zwei Gruppen gespielt werden. Dadurch haben auch schwächere Schüler die Möglichkeit, in der Gewinnergruppe zu sein.

### Tipps

Achten Sie darauf, dass sich alle Schüler beteiligen. Ich bevorzuge deshalb die Variante, in der direkt zwei Schüler gegeneinander spielen. Auf diese Weise kommt jeder, und nicht nur die Leistungsstärksten oder Schnellsten, einmal an die Reihe.

# 40 Lehrer gegen Schüler

Diese Idee ist für die meisten Schüler hoch motivierend, da sie gegen ihren Lehrer antreten dürfen. Sie eignet sich insbesondere für die Arbeit mit dem Wörterbuch, kann aber auch z. B. im Mathematikunterricht angewandt werden.

Ziele

Die Schüler schulen ihre Methoden- und Sachkompetenzen (z. B. den Umgang mit dem Wörterbuch oder das schnelle Rechnen).

**Vorbereitung**

Es ist keine Vorbereitung notwendig.

**So geht's**

Ein Schüler schlägt ein Wort vor, dass im Wörterbuch gesucht werden soll. Die Schüler beginnen mit der Suche. Hat der erste Schüler das Wort gefunden, meldet er sich. Nun darf auch der Lehrer mit der Suche beginnen. Wird der Lehrer es schaffen, das Wort schneller zu finden als die Schüler oder war deren Vorsprung zu groß?

**Tipps**

Wird das Spiel im Mathematikunterricht gespielt, sollten vorher Aufgabenkärtchen vorbereitet werden. Hier bieten sich die Bereiche des schriftlichen Rechnens an.

## 41 Lebendige Buchstaben

Diese Idee fördert den kreativen Umgang mit Lerninhalten.

Ziele

Mithilfe dieser Idee werden Inhalte der Stunde spielend wiederholt.

**Vorbereitung**

Es ist keine Vorbereitung notwendig.

**So geht's**

Die Schüler erhalten Begriffe, die im Unterricht erarbeitet wurden. Sie sollen nun mithilfe ihres Körpers das Wort buchstabieren (für ein A lehnen sich zwei Schüler mit dem Kopf gegeneinander und stützen sich an den Händen).
Die Motivation steigt noch, wenn zwei Mannschaften gegeneinander spielen und die Begriffe erraten werden müssen.

**Tipps**

Fotografieren Sie die Buchstaben und nutzen Sie sie z. B. für eine Ausstellung oder Collage.

## 42 Lebendes Memo

Dieses Spiel eignet sich für alle Themen oder Fächer, in denen Paare oder zusammenpassende Begriffe geübt werden müssen. Ich habe es im Englischunterricht eingesetzt. Denkbar sind aber auch andere Fächer. Das Spiel kann außerdem als Ruhe- und Konzentrationsübung eingesetzt werden, da es den Kindern Bewegung verschaffen kann und die Merkfähigkeit steigert.

### Ziele

Die Schüler spielen das bekannte Pärchenspiel. Dadurch schulen Sie ihre Konzentration und Merkfähigkeit. Je nach Art des Memos können außerdem Unterrichtsinhalte geübt und gefestigt werden.

### Vorbereitung

Es ist keine besondere Vorbereitung notwendig.

**So geht's**

Es werden zwei Kinder bestimmt, die gegeneinander spielen. Diese verlassen kurz den Raum, während die anderen Schüler die Anweisungen bekommen.

Jeweils zwei Kinder bilden ein Pärchen. Das bedeutet, sie stehen in einem thematischen Zusammenhang, wie z. B. deutsche und englische Vokabel, gleiche Bewegung (z. B. Hampelmann machen, auf einem Bein springen, Kniebeugen ...).

Nun werden die beiden Spieler wieder in die Klasse geholt und spielen klassisches Memo-Spiel: Ein Kind beginnt und zeigt auf einen Schüler oder fragt ihn nach seiner Vokabel. Dieser antwortet oder führt seine Bewegung vor. Anschließend fragt das Kind einen zweiten Mitschüler. Hat es ein Paar gefunden, setzt sich dieses auf den Platz. Der Schüler erhält einen Punkt und ist noch einmal an der Reihe. Es wird so lange abwechselnd gespielt, bis alle Paare gefunden wurden.

**Tipps**

Das Spiel eignet sich ebenfalls gut für den Musikunterricht: Hierbei können die Pärchen entweder das gleiche Lied (als höherer Schwierigkeitsgrad auch Strophe und Refrain) singen/summen oder einen Rhythmus klatschen.
Das Memo-Spiel kann auch zum Ziel haben, den Schülern eine Bewegungsphase zu ermöglichen, nach der sie sich wieder besser auf den Unterricht konzentrieren können.

# 43 Bankrutschen

Mit diesem Spiel sind schon Generationen von Schülern aufgewachsen. Trotzdem wird es von den meisten Schülern immer wieder gern gespielt.

### Ziele

Lerninhalte werden wiederholt und gefestigt.

### Vorbereitung

Es ist keine besondere Vorbereitung notwendig.

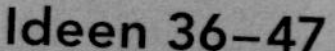

**So geht's**

Die Schüler sitzen auf ihren Plätzen. Ein Schüler stellt sich neben einen zweiten Schüler, der auch aufsteht. Den Schülern wird eine Frage oder Rechenaufgabe gestellt. Der Schüler, der schneller antwortet, darf zum nächsten Schüler weiterrücken. Der andere Schüler setzt sich hin. Wer am Ende des Spiels die meisten Plätze aufgerückt ist, hat gewonnen.

**Tipps**

Haben Sie eine diffuse Tischstellung, d. h. Gruppentische o. Ä., sollten Sie vor Spielbeginn festlegen, in welcher Reihenfolge weitergerutscht wird.

# 44 Bingo

Bingo ist ein motivierendes und spannendes Spiel, da zum Wissensfaktor auch Glück zum Gewinnen hinzukommt. Dementsprechend ist das Ergebnis meist völlig offen.

### Ziele

Aufgrund der Wettbewerbssituation werden die Schüler motiviert, ihre Aufgabe zügig und richtig zu lösen. Der Glücksfaktor ermutigt dabei auch leistungsschwächere Schüler, da es neben schnellem, richtigem Lösen der Aufgaben auch darauf ankommt, wer seine Zahlen oder Begriffe glücklicherweise in der richtigen Reihenfolge gesetzt hat.

### Vorbereitung

Händigen Sie den Kindern ein Arbeitsblatt mit einem Quadrat aus 4x4-Kästchen aus.

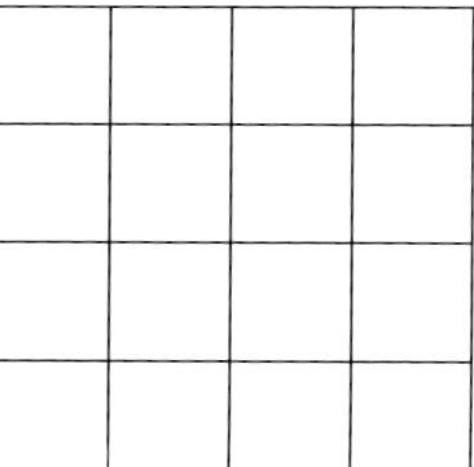

Alternativ können Sie für jeden Schüler auch eine derartige Vorlage laminieren. Die Kinder schreiben mit Folienstift darauf und die Vorlagen können bei jedem Spiel wieder benutzt werden.

**So geht's**

Diktieren Sie 16 Zahlen (oder Vokabeln). Die Schüler tragen diese in beliebiger Reihenfolge in die 16 Felder ein.

Stellen Sie nun Rechenaufgaben, deren Ergebnis jeweils eine der diktierten Zahlen ergibt, oder fragen Sie nach der Übersetzung der diktierten Vokabeln. Die Schüler kreuzen das richtige Ergebnis oder die zugehörige Vokabel an. Wer zuerst vier Ergebnisse senkrecht, waagerecht oder diagonal angekreuzt hat, ruft Bingo. Er hat (wenn die Ergebnisse stimmen) die Runde gewonnen.

**Tipps**

Das Spiel kann auch in Deutsch oder im Sachunterricht gespielt werden: In Deutsch suchen die Kinder z. B. Gegensatzpaare, im Sachunterricht ordnen sie Tierkinder ihren Eltern zu. Auch ein Spiel mit Monaten (Monatsname/ Monatszahl, Januar = 1) oder Uhrzeiten (1 Uhr = 13 Uhr) ist möglich.
Lassen Sie Ihrer Fantasie freien Lauf und seien Sie kreativ.

# 45 Tabu

Hier handelt es sich um eine Variante des bekannten Brettspiels, die mit Wörtern, die im Unterricht erarbeitet wurden, gespielt wird.

### Ziele

Die Schüler festigen erarbeitete Inhalte und stärken ihre sprachlichen Kompetenzen.

### Vorbereitung

Bereiten Sie Karten mit Begriffen vor, die im Unterricht erarbeitet wurden. Vermerken Sie außerdem auf jeder Karte vier Begriffe oder Wortgruppen, die während der Erklärung nicht genannt werden dürfen.
Zur Durchführung benötigen Sie eine Stopp- oder Sanduhr.

**So geht's**

Die Schüler werden in zwei Gruppen geteilt. Pro Spielrunde wird ein Schüler ausgewählt, der in der vorgegebenen Zeit möglichst viele Begriffe umschreibt. Dabei darf er nicht die auf den Karten vermerkten Wörter benutzen. Dies wird durch einen Schüler der anderen Gruppe kontrolliert. Wurde der Begriff erraten, beschreibt das Kind den nächsten Begriff, bis die Zeit abgelaufen ist. Für jeden erratenen Begriff erhält die Gruppe einen Punkt. Wurde ein verbotenes Wort benutzt, wird ein Punkt abgezogen. Gewonnen hat die Gruppe mit den meisten Punkten.

**Tipps**

Achten Sie darauf, dass alle Schüler beteiligt sind. Große Klassen sollten möglichst noch einmal geteilt werden, damit viele Schüler die Möglichkeit zum Erklären bekommen.

## 46 Jeopardy

Diese Idee ist an die legendäre Quizshow Jeopardy angelehnt.

### Ziele

Die Schüler setzen sich mit den Unterrichtsinhalten auseinander und festigen den Lernstoff.

### Vorbereitung

Teilen Sie die Schüler in Gruppen von 4–6 Personen ein. Jede Gruppe notiert auf 6 Karten gleicher Farbe zu einem Unterthema jeweils 6 Fragen mit den entsprechenden Antworten zum behandelten Lernstoff.
Nun werden die Karten dem Schwierigkeitsgrad nach geordnet und mit Punkten in 10er-Schritten von 10 bis 60 gekennzeichnet. Dann werden sie mit aufsteigendem Schwierigkeitsgrad übereinander an die Tafel geheftet.

**So geht's**

Die erste Gruppe wählt nun eine Karte einer anderen Gruppe. Der Lehrer liest die Frage vor. Kann die Gruppe die Frage beantworten, erhält sie die entsprechende Punktzahl. Dann ist die nächste Gruppe an der Reihe und wählt eine Karte. Wer am Schluss die meisten Punkte gesammelt hat, hat gewonnen.

**Tipps**

Im Internet gibt es ein Programm, mit dem Jeopardy auf dem interaktiven Whiteboard gespielt werden kann. In eine Vorlage müssen die entsprechenden Fragen eingetragen werden:
www.superteachertools.com/jeopardy

# 47 Wissensrennen

Hierbei handelt es sich um eine spielerische Variante des Abfragens.
Die Schüler können dabei jedoch selber beteiligt werden, indem sie selbst Fragen, die beantwortet werden müssen, aufschreiben.

**Ziele**

Mit dieser Idee wird der Lernstoff wiederholt und gefestigt.

**Vorbereitung**

Zeichnen Sie auf die Tafel oder ein Plakat eine Rennbahn oder einen Parcours, der in mehrere Stationen unterteilbar ist. Die Klasse wird in mehrere Gruppen aufgeteilt. Jede Gruppe erhält einen Spielstein in Form eines Rennwagens (oder was auch immer Sie wählen). Jede Gruppe schreibt auf farblich unterschiedlichen Karten verschiedene Fragen zum Thema auf. Die Antwort wird auf der Rückseite notiert.

## So geht's

Ein Teilnehmer aus einer Gruppe zieht eine Karte für die nächste Gruppe und liest diese vor. Die nächste Gruppe muss die Frage beantworten. Gelingt dies, darf sie eine Station weiter vorrücken. Kann die Frage nicht beantwortet werden, setzt sie eine Runde aus.

Alternativ kann die Frage auch immer nur an eine Person aus der Gruppe gerichtet werden, damit jeder einmal an die Reihe kommt.
Wer zuerst das Ziel erreicht hat, hat gewonnen.

## Tipps

Fertigen Sie ein Spielfeld an, das immer wieder verwendet werden kann.
Die Befestigung an der Tafel bietet sich an, da dort mit Magneten gearbeitet werden kann, die immer weiter gerückt werden.

Es können auch die Materialien aus Idee 20, „Spiel als Themenrahmen" in den „77 motivierenden Unterrichtseinstiegen" (Best.-Nr. 62428) genutzt werden. Statt eines Autorennens kann ein Skirennen gefahren werden oder es steigen Ballons in die Luft. Vielleicht gibt es ja eine Rennform, die für Ihre Klasse besonders geeignet ist (Klassentier, aktueller Rahmen …).

# Ideen 48–66

# Reflexion und Feedback

Sowohl für Schüler als auch für Lehrer ist es wichtig, am Ende der Stunde ein Feedback über den Unterricht zu erhalten. Gewöhnen Sie sich an, ein regelmäßiges Feedback einzuholen und Ihren Unterricht ggf. zu verändern. Nur so kann sichergestellt werden, dass Sie die Schüler auch erreichen. Für die Schüler sollte es selbstverständlich sein, kontinuierlich eine Rückmeldung zu bekommen. Wird eine Rückmeldung nur gegeben, wenn etwas nicht richtig gelaufen ist, wird sie schnell negativ wahrgenommen. Reflexion und Feedback umfassen sowohl positive Dinge als auch negative Faktoren. Im folgenden Kapitel erhalten Sie eine Vielzahl unterschiedlicher Ideen, die sich dafür eignen, eine Feedbackkultur zu entwickeln.

## 48 Fragen oder Interview

Mithilfe dieser Methode erhalten Sie ein kurzes Feedback einiger Schüler zu mehreren von Ihnen gestellten Fragen.

### Ziele

Die Schüler reflektieren die Stunde zu inhaltlichen, unterrichtsorganisatorischen und sozialen Aspekten.

### Vorbereitung

Bereiten Sie Karten mit Fragen aus verschiedenen Bereichen vor. Die Fragen können sowohl inhaltlicher Art sein (z. B. „Nenne drei wichtige Punkte, die du beim Schreiben eines Märchens beachten solltest.") als auch den unterrichtsorganisatorischen („Wie wurde deiner Meinung nach die Regel zum leisen Arbeiten eingehalten?", „An welcher Station hattest du Schwierigkeiten? – Begründe!") oder sozialen Bereich („Ist die Partnerarbeit gut gelungen? – Begründe!") betreffen.

## So geht's

Die Schüler stehen oder sitzen im Kreis. Die Feedbackkarten liegen verdeckt in der Kreismitte. Nun werfen Sie einen Ball zu einem Schüler. Dieser zieht eine Karte und beantwortet die Frage. Dann wirft er den Ball zu einem weiteren Schüler, der die nächste Frage beantwortet. Je nachdem, wie viel Zeit am Stundenende verbleibt, können ca. 6–8 Schüler ein Feedback geben.

## Tipps

Alternativ zur Kreisform kann die Auswertung auch vom Platz aus durchgeführt werden. Heften Sie dazu die Karten verdeckt an die Tafel.
Ich habe die Auswertung von Zeit zu Zeit thematisch an den Stundenrahmen angepasst: Die Kinder arbeiteten an einer Lerntheke in Form eines Wettbewerbs oder Rennens (z. B. Skirennen, da zum Zeitpunkt der Durchführung die Olympischen Winterspiele liefen). Abschließend wurden die Sportler von Reportern interviewt: Auf der Außenseite der Karten hatte ich die Logos verschiedener Fernseh- und Nachrichtensender geklebt. Nun wurden einzelne Schüler befragt. Sie durften sich aussuchen, welchem Sender sie Frage und Antwort stehen wollten.

Was lief besonders gut? Begründe!

Was lief nicht so gut? Begründe!

Nenne drei wichtige Punkte, die du heute neu gelernt hast.

# 49 Fotofeedback

Diese Methode kann Schülern helfen, ihre momentane Stimmung auszudrücken.

## Ziele

Die Schüler reflektieren eigene Stimmungen und Gefühle und lernen, diese wahrzunehmen und zu verbalisieren.

## Vorbereitung

Sammeln Sie viele unterschiedliche Postkarten, Bilder und Fotos. Diese sollten sowohl vom Stil als auch vom Ausdruck her möglichst vielseitig sein.

## So geht's

Die Bilder und Fotos werden auf dem Boden im Raum verteilt. Anschließend erhalten die Schüler den Auftrag, schweigend durch den Raum zu gehen, sich die Bilder anzusehen und das Bild zu nehmen, das am besten zu ihrem momentanen Gefühlszustand passt. Anschließend sammeln sich alle im Kreis. Dort stellt jeder Schüler kurz vor, welches Bild er sich ausgesucht hat und warum. Beiträge werden nicht kommentiert.

## Tipps

Alternativ können die Arbeitsaufträge verändert werden. Mögliche Ideen hierzu wären: „Welches Bild passt am besten zur vergangenen Stunde?", „Wo wärst du jetzt gern?" oder am Schuljahresende „Welches Bild würdest du wählen, um das Schuljahr zu beschreiben?"

Die Schüler können beim Erstellen einer Bildkartei helfen: Sie erhalten den Auftrag, Bilder aus Zeitungen, Zeitschriften oder Postkarten mitzubringen. Diese werden evtl. auf ein weißes Blatt geklebt, sodass ein Rahmen entsteht, und anschließend laminiert. Die Kartei kann jederzeit verwendet und stetig ergänzt werden.

# 50 Gefühlskarten

Diese Idee ist eine Vereinfachung der vorher beschriebenen Idee: „Fotofeedback“ (S. 97).

## Ziele

Die Schüler lernen, ihre Gefühle wahrzunehmen, einzuschätzen und zu verbalisieren.

## Vorbereitung

Legen Sie Karten, auf denen unterschiedliche Gefühle dargestellt sind, im Kreis aus.

## So geht's

Die Schüler sitzen im Kreis um die Gefühlskarten herum. Nacheinander ist jeder Schüler aufgefordert, sich eine Karte auszusuchen, die zu seinem momentanen Gefühlszustand passt. Der entsprechende Schüler hält die Karte sichtbar hoch und beschreibt, wie er sich gerade fühlt und, soweit das möglich ist, warum seine Gefühle in diesem Moment so sind. Auch bei dieser Idee werden die Beiträge nicht kommentiert oder diskutiert. Sollte ein Schüler seine Gefühle nicht preisgeben wollen, sollte er nicht dazu gedrängt werden.

## Tipps

Sprechen Sie in einer Unterrichtseinheit mit Ihren Schülern über das Thema Gefühle und fertigen Sie Fotos mit und von den Schülern an. Diese können als Grundlage genutzt werden. Alternativ bietet der Verlag an der Ruhr farbige Gefühlskarten an: „80 Bild-Impulse: Gefühle“, Best.-Nr. 62479.

# 51 Der heiße Stuhl

Der „heiße Stuhl" bietet die Möglichkeit, ein schnelles Feedback von einigen Schülern zu erhalten. Es motiviert einige Schüler, sich in die Kreismitte zu setzen und ihre Meinung zu äußern. Für zurückhaltende Schüler kann es eine große Überwindung sein, so im Mittelpunkt zu stehen. Dennoch empfehle ich, diese Übung von Zeit zu Zeit als schnelle Feedbackmethode durchzuführen. Aufgrund der schnellen und einfachen Durchführbarkeit empfehle ich sie zur Auswertung einzelner Stunden oder Teilbereiche.

## Ziele

Die Schüler geben ein kurzes Feedback zur Unterrichtsstunde. Sie lernen, Gefühle, Empfindungen und Kritik zu verbalisieren.

## Vorbereitung

Stellen Sie den „heißen Stuhl" in die Mitte des Klassenraums. Es bietet sich an, die Idee in Kreisform durchzuführen, sodass der Stuhl in der Kreismitte steht.

## So geht's

Ein Schüler, der ein Feedback zur Unterrichtsstunde geben möchte, setzt sich auf den Stuhl. Damit hat er das Rederecht. Er darf dabei nicht unterbrochen werden. Das Gesagte wird nicht kommentiert.

## Tipps

Als Variante können Sie als Lehrer sich auf den heißen Stuhl setzen. Die Schüler geben Ihnen rundum eine kurze Rückmeldung, wie sie die Unterrichtsstunde erlebt haben.

Abb.: Anja Boretzki

# 52 Blitzlicht

Mithilfe des Blitzlichts kann man eine schnelle, unkommentierte Meinungsübersicht oder Rückmeldung aller Kinder zum Unterrichtsstoff erhalten.

## Ziele

Die Schüler müssen ihre Gedanken so strukturieren und formulieren, dass sie den zentralen Aspekt möglichst kurz und genau darstellen.

## Vorbereitung

Für das Blitzlicht ist keine besondere Vorbereitung nötig. Als Arbeitsform bietet sich der Stuhlkreis an, da alle Schüler Blickkontakt haben und das Rederecht leicht weitergegeben werden kann. Im Einzelfall ist es aber auch möglich, die normale Sitzordnung beizubehalten.

## So geht's

Zum Ende der Stunde oder zum Abschluss der Unterrichtseinheit sollen die Schüler in möglichst nur einem Satz äußern, was für sie den Kern des Themas ausmacht oder was sie für besonders bedeutsam halten. Unterbrechungen und Fragen sind nicht zugelassen.

## Tipps

Für das Blitzlicht kann ein Gegenstand als „Wort" nützlich sein. Nur wer das „Wort" gerade hat, darf reden. Im Anschluss an den Redebeitrag wird es an den Nachbarn weitergegeben. Da für das Blitzlicht eine ausgeprägte sprachliche Kompetenz notwendig ist, um die Runde wirklich kurz zu halten und den Gedanken auf den Punkt zu bringen, ist die Methode eher für höhere Klassenstufen geeignet. Sie sollte jedoch schon in den unteren Stufen angebahnt werden. Hier könnte sie z.B. als Reflexion dienen. Die Kinder artikulieren dabei kurz, was ihnen besonders gut gefallen hat. Aussagen wie „Ich fand alles schön" werden dabei nicht akzeptiert, sondern müssen präzisiert werden. Eine Alternative des Blitzlichts ist „Top, Flop, weg", hier nachfolgend beschrieben.

# 53 Top, Flop, weg

Mit dieser Idee erhalten Sie von jedem Schüler ein kurzes Stundenfeedback.

### Ziele

Die Schüler reflektieren die Unterrichtsstunde und lernen, ihre Meinung kurz und präzise zu äußern und zu begründen.

### Vorbereitung

Es ist keine besondere Vorbereitung notwendig.

### So geht's

Jeder Schüler äußert einen Aspekt, der ihn besonders interessiert (Top) und anschließend einen Aspekt, der ihm gar nicht interessant erscheint (Flop). Mit dem Wort „weg" (oder weiter) erhält der nächste Schüler das Wort. Wer sich nicht äußern möchte, sagt sofort „weg".

### Tipps

Trainieren Sie diese Übungsform. Sie ist nicht einfach, da die Meinung präzisiert werden muss. Ermuntern Sie Schüler, eigene Argumente zu finden und sich nicht nur dem Vorredner anzuschließen.

# 54 Like/Dislike

Diese Idee ähnelt der vorherigen, allerdings läuft sie nonverbal ab. Sie wird auch als „Daumen-hoch-Methode" bezeichnet.

### Ziele

Durch vereinbarte Zeichen erhalten Sie ein kurzes Meinungsbild über einen gefragten Sachverhalt.

### Vorbereitung

Es ist keine Vorbereitung nötig.

### So geht's

Stellen Sie Fragen, die eine Einschätzung der Schüler verlangen. Die Fragen können sich sowohl auf den Inhalt als auch die Unterrichtsorganisation oder den sozialen Bereich beziehen. Sie sollten so gestellt werden, dass die Schüler eine Zustimmung oder Ablehnung geben können. Auf Ihre Frage hin heben die Schüler die Hand mit dem Daumen nach oben („like") oder zeigen mit dem Daumen nach unten („dislike"). Eine neutrale Meinung kann durch einen Daumen in waagerechter Position symbolisiert werden.

### Tipps

Die Methode kann sowohl im Kreis als auch auf den Schülerplätzen angewandt werden.

Als Variante kann die Befragung anonym durchgeführt werden. In diesem Fall sitzen die Schüler auf ihrem Platz, legen den Kopf auf den Tisch und schließen die Augen. Mit einem Arm werden die o. g. Zeichen angezeigt.

## 55 Punkteabfrage

Die Punkteabfrage ist eine schnelle Methode, um ein komplettes Meinungsbild zu erhalten oder über etwas abzustimmen.

### Ziele

Mit der Punkteabfrage wird die Meinung aller Schüler abgefragt, ohne dass diese sich dafür rechtfertigen oder ihre Meinung begründen müssen. Dadurch entsteht ein geschützter Rahmen. Gleichzeitig wird durch die Bewegung der Schüler der Unterricht aufgelockert.

**Vorbereitung**

Die Idee ist sehr einfach durchführbar. Sie benötigen lediglich Klebepunkte. Wenn an der Tafel gearbeitet wird, können die Schüler auch Kreidepunkte anmalen.

**So geht's**

Auf einem Plakat oder an der Tafel stehen mehrere Aussagen oder Inhalte zur Auswahl. Die Schüler kleben unter den für sie zutreffenden Inhalt ihren Klebepunkt.

Die Idee können Sie variieren, indem die Kinder mehrere Klebepunkte erhalten. Auf diese Weise können sie unterschiedlichen Inhalten zustimmen oder mehrere Punkte für dieselbe Aussage nutzen. Dadurch entsteht eine Rangfolge. Diese Variante können Sie nutzen, wenn z. B. für ein Ausflugsziel oder ein Lesebuch abgestimmt werden soll.

Eine weitere Variante verfeinert die Stellungnahme: Hierbei wird den Aussagen oder Inhalten ein Raster mit den Wahlmöglichkeiten zugeordnet, wie z. B.: stimme zu, stimme teilweise zu, stimme nicht zu (oder gut, mittel, schlecht; sehr gern, gern, nicht gern usw.). Die Schüler kleben ihre Punkte in das entsprechende Feld.

**Tipps**

Um die Anonymität zu gewährleisten, können Sie das Plakat verdeckt aufhängen oder die Tafel aufklappen. Die Kinder erhalten eine Zeitspanne (z. B. einen Tag), in der sie ihren Punkt oder ihre Punkte aufkleben können.

## 56 Thematischer Stopptanz

Die Idee ähnelt dem bei Kindern sehr beliebten Stopptanz. Allerdings wird die Partyvariante noch durch eine thematische Ergänzung erweitert.

Reflexion und Feedback

## Ziele

Die Schüler reflektieren wichtige Elemente der Stunde. Gleichzeitig lockern sie sich mit den Bewegungen zur Musik auf und entspannen sich.

## Vorbereitung

Wählen Sie zur Übung passende Musik und bereiten Sie diese vor.

## So geht's

Die Schüler bewegen sich zur Musik durch den Raum. Wenn die Musik stoppt, verharren die Schüler in ihrer derzeitigen Haltung. Stellen Sie nun eine Aufgabe, die sich auf die vergangene Stunde bezieht und die die Schüler anschließend erledigen müssen. Beispiele könnten sein:

- Findet einen Partner und fragt ihn drei Vokabeln aus der Stunde ab/stellt ihm eine Rechenaufgabe.
- Findet einen Partner und tauscht euch aus, wie die Regel zum Leisesein eingehalten wurde.
- Findet euch zu dritt zusammen und berichtet euch, welche Aufgabe euch gut gelungen ist.
- Findet einen Partner und sagt ihm, was ihr euch für die nächste Stunde vornehmt.

## Tipps

Als Variante können Sie nach dem Stoppen, wie beim herkömmlichen Stopptanz, dem Kind, das sich zuerst bewegt hat, eine Frage aus dem aktuellen Unterricht stellen. Kann das Kind sie beantworten, ist es weiter im Spiel, weiß es die Antwort nicht, scheidet es für die Runde aus. Sieger ist der letzte/sind die letzten drei/die letzten fünf Tänzer.

# 57 Checkout

In dieser Idee wird symbolisch Nützliches mitgenommen und Ballast abgeworfen.

## Ziele

Die Schüler reflektieren, was für sie am Unterricht wichtig und was für sie irrelevant war. Sie als Lehrer erhalten darüber ein Meinungsbild.

## Vorbereitung

Sie benötigen einen Mülleimer und einen Koffer, den Sie am Ausgang bereitstellen.

## So geht's

Beim „Auschecken" am Ende der Stunde schreiben die Schüler etwas auf einen Zettel, was sie aus der Stunde mitnehmen. Der Zettel wird in den Koffer geworfen. Auf einen zweiten Zettel wird geschrieben, was die Schüler zurücklassen. Dieser Zettel kommt in den Mülleimer.
Für die Idee sind folgende Fragen hilfreich:

- Was hat mir (nicht) gefallen?
- Was fiel mir leicht/schwer?
- Was habe ich gelernt?
- Was möchte ich noch besser machen?
- Was nehme ich aus dieser Stunde mit?
- Was lasse ich unbedingt hier?

## Tipps

Alternativ werden eine Koffer- und eine Mülleimerzeichnung an die Tafel gehängt. Ohne Namen hängen die Schüler ihre Zettel zu den entsprechenden Symbolen. Auf diese Weise können die Schüler untereinander sehen, was für andere wichtig oder Ballast war.

Die Idee kann auch zu Stundenbeginn als Check-in eingesetzt werden. Dazu werden die guten Vorsätze oder Dinge, die man lernen möchte, in den Koffer gelegt und schlechte Angewohnheiten in den Müll geworfen.

# 58 Zielscheibe

Mithilfe der Zielscheibe können vorformulierte Fragen recht genau beantwortet werden.

### Ziele

Sie erhalten eine übersichtliche und leicht auswertbare Rückmeldung zum Unterricht.

### Vorbereitung

Bereiten Sie an der Tafel eine Zielscheibe vor. Auf den äußeren vier Feldern stehen die Themen (z. B. „Der Unterricht"). Jedes Thema hat zwei Einschätzungsbereiche (z. B.: „ist interessant und abwechslungsreich").

Die fünf inneren Felder geben, ähnlich wie bei Multiple-Choice-Fragebögen, Einschätzungswerte wieder (1 = trifft voll zu, 5 = trifft überhaupt nicht zu).

### So geht's

Die Schüler markieren mit Magneten ihre persönliche Wertung. Anschließend kann das Ergebnis bei Bedarf besprochen und evtl. konkretisiert werden.

### Tipps

Alternativ kann auch mit Klebepunkten oder Folienstiften gearbeitet werden. Stellen Sie sicher, dass die Schüler die Einschätzungswerte richtig deuten.

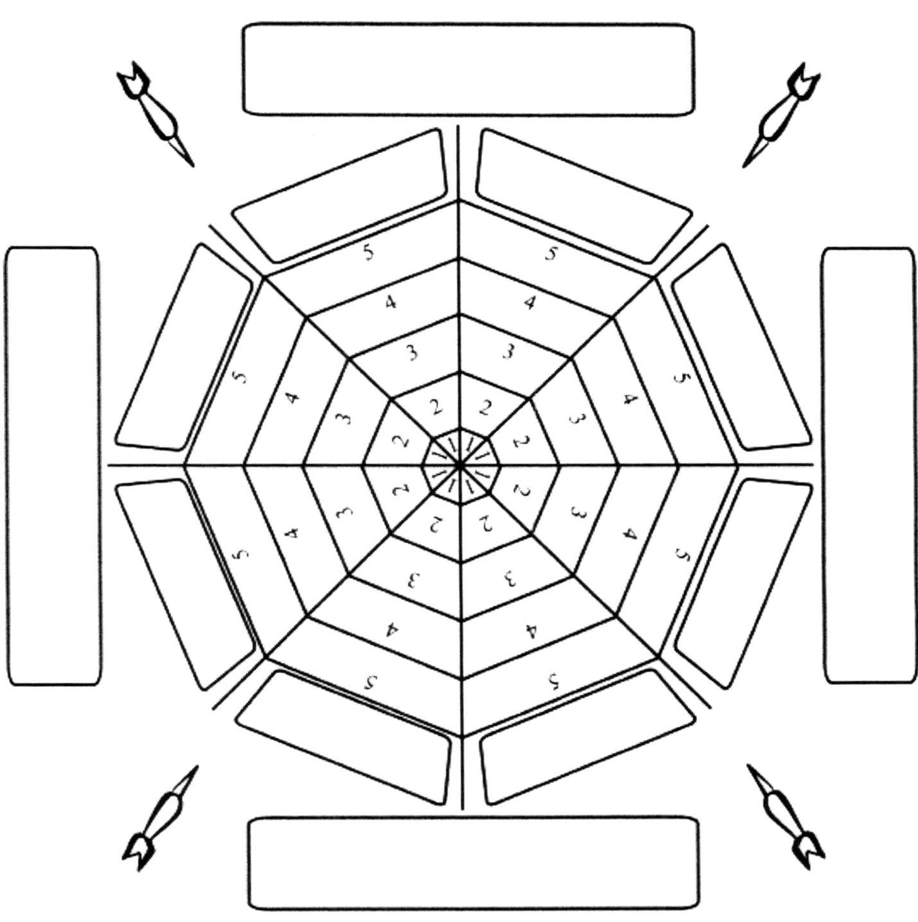
5
4
3
2
2
3
4
5
5
4
3
2
2
3
4
5
5
4
3
2
2
3
4
5
5
4
3
2
2
3
4
5

# 59 Feedback-Würfel

Ähnlich wie beim Interview (Idee 48, S. 95), beantworten einige Schüler mit dieser Idee vorgegebene Fragen.

## Ziele

Die Schüler reflektieren die Stunde zu inhaltlichen, unterrichtsorganisatorischen und sozialen Aspekten.

## Vorbereitung

Beschriften Sie einen Würfel passend zur Unterrichtsstunde. Naturbelassene Würfel gibt es bei verschiedenen Lehrmittelanbietern. Alternativ kann auch ein großer Schaumstoffwürfel beklebt werden. Die Grafik zeigt eine Vorlage zum Basteln eines Papp-Würfels.

## So geht's

Die Schüler sitzen oder stehen im Kreis. Ein Schüler erwürfelt eine Frage, bzw. Auftrag. Nach seiner Ausführung reicht er den Würfel an einen anderen Mitschüler weiter. Auf diese Weise geben nacheinander 6–8 Schüler eine Rückmeldung.

## Tipps

Achten Sie darauf, die Fragen aus verschiedenen Bereichen zu stellen und sie nicht nur auf den Unterrichtsinhalt zu beschränken.
Es könnte z. B. auch ein Gefühlswürfel gebastelt werden: Wird der Würfel geworfen, stehen alle Schüler auf, die sich dem Gefühl anschließen.

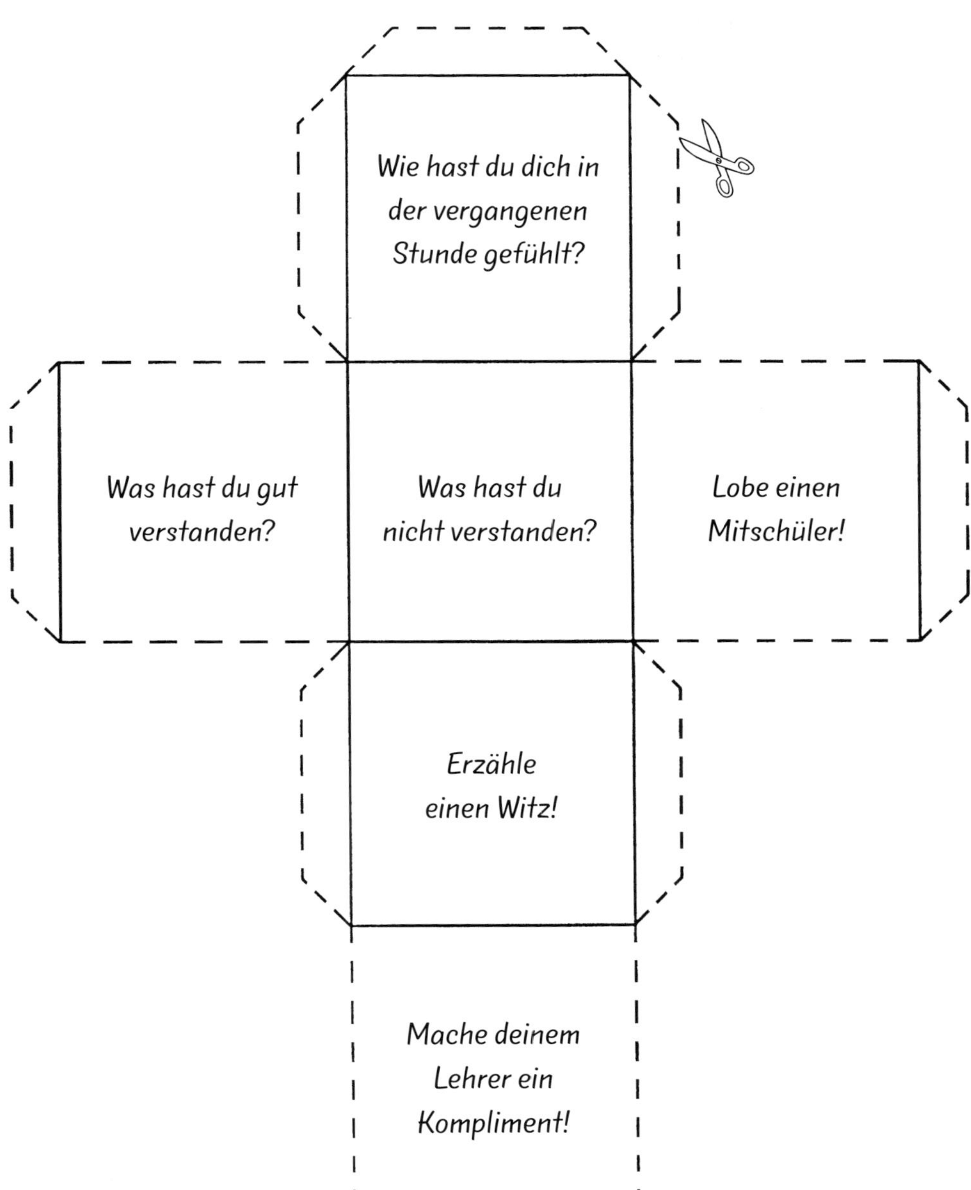
Wie hast du dich in der vergangenen Stunde gefühlt?
Was hast du gut verstanden?
Was hast du nicht verstanden?
Lobe einen Mitschüler!
Erzähle einen Witz!
Mache deinem Lehrer ein Kompliment!

# 60 Körperhaltung

Durch diese Idee erhalten Sie eine lebendige Rückmeldung zur Unterrichtsstunde.

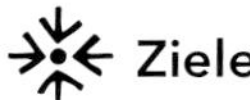

### Ziele

Die Schüler geben ein Feedback zum Unterricht. Dabei können sie sich auflockern, weil der ganze Körper eingesetzt wird.

### Vorbereitung

Es ist keine besondere Vorbereitung notwendig.

### So geht's

Mithilfe ihres Körpers melden die Schüler zurück, wie sie die Unterrichtsstunde erlebt haben. Dazu gehen sie nacheinander nach vorn und nehmen eine entsprechende Körperhaltung ein.

Beispielsweise könnte Langeweile durch Gähnen symbolisiert werden. Überraschung oder Erstaunen wird mit weit aufgerissenen Augen dargestellt. Auf einem Bein stehen signalisiert Unsicherheit oder Unentschiedenheit.

### Tipps

Für diese Idee ist die Kreisform auch gut geeignet. In meinen Augen erkennt ein guter Lehrer auch während des Unterrichts körpersprachliche Rückmeldungen und kann darauf reagieren.

# 61 Stille Diskussion

Von Zeit zu Zeit hören wir bissige Kommentare, wie „Da war der Mund wieder schneller als der Kopf!" usw. Diese Idee hilft, besonders schnelle Redner zu bremsen und eher zurückhaltende Redner zur Kommunikation anzuregen.

## Ziele

In der stillen Diskussion sollen die Schüler lernen, sich zurückzunehmen und Standpunkte nonverbal zu äußern.

## Vorbereitung

Legen Sie in die Mitte der Gruppe ein großes, leeres Blatt Papier oder ein Plakat.

## So geht's

Ein erster Schüler beginnt, Informationen oder eine Aussage zum Thema auf das Blatt Papier zu schreiben. Die anderen Schüler können diese ergänzen oder schriftlich Fragen stellen.

Als Alternative kann eine (provokante) Aussage bereits auf dem Blatt stehen, die die Schüler kommentieren oder diskutieren sollen. Beispielsweise könnten die Schüler das Ende oder die Pointe eines Buches finden.

Auch die folgenden Aussagen und Fragen eignen sich gut als Diskussionsansatz:

- Was hat dir an dieser Unterrichtseinheit besonders gefallen?
- Gibt es etwas, was du nicht verstanden hast?
- Was würdest du beim nächsten Mal anders machen?

Alternativ wird die Einheit inhaltlich reflektiert. In diesem Fall schreibt der Lehrer eine Hauptthese auf, die die Schüler kommentieren.

## Tipps

Ähnlich wie bei den anderen Gruppenarbeiten sollte die Gruppengröße nicht mehr als 5 Personen betragen, damit jeder an das Blatt Papier kommt und sich alle an der Diskussion beteiligen können.

# 62 Wetterbericht

Ähnlich wie bei der Zielscheibe (vgl. Idee 58, S. 106) geben die Schüler ein persönliches Feedback ab. Allerdings werden hierbei Wettersymbole verwendet.

## Ziele

Der Lehrer erhält von jedem Schüler ein Feedback zum Unterricht.

## Vorbereitung

Bereiten Sie ein Arbeitsblatt mit Aussagen über den Unterricht und andere Faktoren vor. Für die Antworten der Schüler stehen folgende Kategorien zum Ankreuzen zur Verfügung:

- ❒ „Sonne": Für mich scheint die Sonne, ich habe mich wohlgefühlt.
- ❒ „Sonne/Wolken": In einigen Bereichen habe ich mich unsicher gefühlt, ich war teils zufrieden, teils aber auch nicht.
- ❒ „Regenwolke": Hier stand ich im Regen, brauchte noch Hilfe, habe ich mich nicht wohlgefühlt.

## So geht's

Die Schüler füllen das Arbeitsblatt aus. Eventuell kann ergänzend noch ein Satz in Worten angefügt werden.

## Tipps

Alternativ kann ein Poster vorbereitet werden, auf dem mehrere Aussagen stehen. Darunter sind jeweils die drei Symbole nebeneinander angeordnet. Mithilfe der Punkteabfrage können die Schüler nun ihre Stimmung oder ihr Empfinden an der jeweiligen Stelle ausdrücken. Das Ergebnis wird im Klassenverband thematisiert.

# Wetterbericht

| | ☀ | ⛅ | 🌧 |
|---|---|---|---|
| So habe ich mich im Unterricht gefühlt: | ◯ | ◯ | ◯ |
| Die Themen waren ... | ◯ | ◯ | ◯ |
| Ihr Verhalten war ... | ◯ | ◯ | ◯ |
| Meine Erwartungen an den Unterricht wurden erfüllt. | ◯ | ◯ | ◯ |
| Der Unterricht war lebendig und abwechslungsreich. | ◯ | ◯ | ◯ |
| Ich fühle mich von Ihnen akzeptiert und respektiert. | ◯ | ◯ | ◯ |
| Der Unterricht war sehr informativ. | ◯ | ◯ | ◯ |
| Sie haben Spaß an Ihrem Beruf. | ◯ | ◯ | ◯ |
| Ich habe viel gelernt. | ◯ | ◯ | ◯ |

**... in Worten ausgedrückt!**

Das Thema ______________________ hat mir besonders gut gefallen, weil ______________________

Die folgenden Themen sollten wir unbedingt im Unterricht behandeln:

______________________

______________________

**Mein Tipp für Sie!**

von Schüler/in zu Lehrer/in: ______________________

von Mensch zu Mensch: ______________________

# 63 Stärken zeigen

Mit der folgenden Idee wird der oft defizitorientierte Unterricht bewusst auf die Stärken der Schüler gelenkt.

## Ziele

Die Schüler machen sich ihre eigenen und die Stärken anderer bewusst und steigern damit ihr Selbstvertrauen.

## Vorbereitung

Bereiten Sie drei Karten (DIN A4, laminiert) vor. Auf den drei Karten sind verschiedene Symbole zu finden:

- „Kopf": steht für Sachkompetenzen (z. B.: „Ich kann gut rechnen.")
- „Herz": steht für soziale Kompetenzen (z. B.: „Ich kann gut im Streit vermitteln.")
- „Hand": steht für motorische Fertigkeiten (z. B.: „Ich kann gut schneiden.")

## So geht's

Die Schüler treffen sich im Sitzkreis. Nacheinander nennen einige/alle Kinder (je nach Gruppenstärke) in jedem der drei Bereiche eine ihrer Stärken – bezogen auf die vergangene Stunde bzw. Einheit. Dazu kann jeweils das passende Symbol als Karte hochgehalten werden.

Es kann aus den Nennungen auch ein Poster mit den Stärken der gesamten Klasse entstehen.

## Tipps

Alternativ werden nicht die eigenen Stärken aufgezählt, sondern jeweils der linke Nachbar im Sitzkreis erläutert eine Stärke des Klassenkameraden. Auf diese Weise wird der positive Umgang miteinander gestärkt.

# 64 Ich schenke dir ein gutes Wort

### Ziele

Die Schüler nehmen an ihren Mitschülern gute Eigenschaften wahr und formulieren diese. Die Schüler werden dadurch ermutigt und ihr Selbstwertgefühl gestärkt.

### Vorbereitung

Sie benötigen leere Zettel.

### So geht's

**Variante 1:**
Jeder Schüler schreibt zu jedem Mitschüler einen positiven Satz auf. Abschließend bekommt jeder Schüler seine Sätze und klebt diese auf (Alternativ: Der Lehrer tippt die Sätze am Computer ab und sammelt sie auf einem Blatt, das der jeweilige Schüler ausgehändigt bekommt).

**Variante 2:**
Jeder Schüler hat auf dem Rücken ein Blatt festes Papier kleben. Die Schüler bewegen sich durch den Raum und schreiben sich gegenseitig positive Eigenschaften auf das Blatt. Es muss dabei aber nicht jeder jedem einen Satz aufschreiben.

**Variante 3:**
Jeder Schüler erhält vier Blätter, die er mit einem guten Wort oder Satz beschriften kann. Die Blätter werden an andere Schüler verschenkt.

### Tipps

Achten Sie insbesondere bei Variante 2 und 3 darauf, dass alle Schüler berücksichtigt werden und keiner leer ausgeht. Dies können Sie forcieren, indem Sie darauf hinweisen, dass es nicht nur um einen Austausch mit dem besten Freund geht, sondern dass insbesondere Schüler beachtet werden sollten, die sonst nicht so im Fokus stehen.

# 65 Erinnerungsbrief

Diese Idee ist nicht so sehr für einen Stunden- oder Themenabschluss geeignet. Vielmehr sollte sie am Ende des Halbjahres oder am Ende des Schuljahres durchgeführt werden.

## Ziele

Die Schüler reflektieren ihr eigenes Schuljahr. Sie ziehen daraus Konsequenzen und formulieren gute Vorsätze.

## Vorbereitung

Sie benötigen Briefpapier, Briefumschläge und ggf. Briefmarken.

## So geht's

Zum Ende des Schuljahres erhalten die Schüler den Auftrag, in einem Brief an sich selbst zu schreiben, was sie im vergangenen Schuljahr erlebt haben. Dazu gehören Lernerfolge genauso wie Misserfolge oder Streitigkeiten. Auch persönliche Probleme oder Erfolge können aufgeschrieben werden.

Anschließend formulieren die Schüler Wünsche und Vorsätze für das kommende Schuljahr. Dabei sollten sie sich möglichst konkret fassen und sich auf ein bis drei Punkte beschränken.

Die fertigen Briefe werden im Umschlag verschlossen und an sich selbst adressiert.

In Variante 1 werden die Briefe sofort an die Schüler geschickt. Bei Variante 2 sammelt der Lehrer die Briefe und teilt Sie zu Beginn des neuen Schuljahres aus.

## Tipps

Achten Sie auf Vertraulichkeit: Den Inhalt des Briefes sollte nur der Absender kennen – auch nicht Sie!

# 66 Lehrerzeugnis

Auch oder gerade für Sie ist es wichtig, ein Feedback zu bekommen, um sich und den Unterricht weiterzuentwickeln. Das Lehrerzeugnis ist eine gute Grundlage für eine jährliche Selbstreflexion.

## Ziele

Mithilfe des Lehrerzeugnisses erhalten Sie ein Schüler-Feedback. Das Lehrerzeugnis kann damit Anstoß für Veränderungen und Verbesserungen sowie Optimierung des Unterrichts sein.

## Vorbereitung

Erstellen Sie ein Zeugnisformular oder einen Fragebogen für die Schüler. Die Fragen können auch mit den Schülern zusammen erarbeitet werden und sollten natürlich konstruktiv und zielführend sein und keinen Spielraum für Pauschalisierungen oder Beleidigungen lassen. Die Frageformate können ein Mix aus offenen Fragen und Entscheidungsfragen sein (z. B. Ankreuzen, Skalenbewertung).

## So geht's

Die Schüler stellen Ihnen ein Zeugnis aus, indem sie das Formular ausfüllen. Nachdem Sie die Ergebnisse selbst ausgewertet haben, sollten Sie sie für die Schüler öffentlich machen und ggf. Konsequenzen oder Veränderungen besprechen. Fehlt dieser Schritt, können die Schüler leicht demotiviert werden, da sie davon ausgehen, dass ihre Rückmeldung sowieso keine Relevanz hat.

## Tipps

Achten Sie darauf, dass die Zeugnisse anonym sind. Nur so werden Sie eine ehrliche und vollständige Rückmeldung erhalten.

Abb.: Anja Boretzki

# Ideen 67–77

## Bezug zur Außenwelt/Anwendung

In diesen Ideen werden behandelte Inhalte angewandt. Sie sind dementsprechend in den meisten Fällen stark handlungsorientiert und an die persönlichen Erfahrungen der Schüler geknüpft. Einige Ideen verbinden die Schule mit der realen Lebenswelt, wodurch der Lerneffekt verstärkt wird.
Sicherlich sind diese Ideen nicht so allgemein anwendbar bzw. stärker an bestimmte Inhalte geknüpft. Aufgrund der Nachhaltigkeit sowie des hohen Motivationsgrades lohnt es sich aber, zu prüfen, ob sie nicht für behandelte Themen einsetzbar sind.

## 67 Streitgespräch/Diskussion

Um kompetent handeln zu können, ist es wichtig, auch in Konfliktsituationen seine Meinung ruhig und mit sachlichen Argumenten zu vertreten. Die Idee kann als Abschluss eines sozialen Themas umgesetzt werden. Hierfür eignen sich z. B. folgende Fragestellungen:

- Sollten alle Klassen den Fußballplatz an verschiedenen Tagen nutzen?
- Dürfen Schüler bei der Notengebung mitentscheiden?
- Wie gehen wir mit Diebstahl an unserer Schule um?

### Ziele

In der Diskussion oder beim Streitgespräch sollen die Schüler lernen, zu argumentieren, sachliche Kritik zu üben und somit ihre Kommunikationsfähigkeit zu erweitern. Außerdem üben sie, sich in andere hineinzuversetzen, indem sie fremde Rollen übernehmen. Erarbeitete Inhalte werden dabei angewandt.

### Vorbereitung

Nachdem ein Thema bekanntgegeben oder gewählt worden ist, zu dem es möglichst konträre Meinungen gibt, werden folgende Rollen verteilt:

- ❐ Diskussionspartner: Sie führen das Streitgespräch.
- ❐ Moderator: Er leitet das Gespräch und schreitet bei Regelverstößen ein.
- ❐ Beobachter: Die Beobachter achten besonders auf einzelne Phasen oder Teile des Gespräches, wie z. B. die Einhaltung der Gesprächsregeln, die Neutralität des Moderators oder den Argumentationsaufbau.

**So geht's**

1. **Vorbereitung**
   Nachdem das Thema bekanntgegeben und die Rollen verteilt wurden, beginnen die Diskussionspartner, Argumente zu sammeln und eine Strategie festzulegen. Die Beobachter erarbeiten Beobachtungskriterien und teilen die Beobachtungsaufträge auf.

2. **Durchführung**
   Nun folgt das eigentliche Streitgespräch. Dabei sollten die vereinbarten Regeln eingehalten werden, z. B. dass man einander aussprechen lässt, die vereinbarten Redezeiten einhält usw. Ebenso sollte die Argumentation schrittweise aufgebaut und gesteigert werden.
   Der Moderator leitet das Gespräch und greift bei Regelverstößen oder zu langen Monologen ein. Die Beobachter folgen ihrem Beobachtungsauftrag.

3. **Auswertung**
   Zuerst beschreiben die Diskussionspartner, wie sie sich gefühlt haben. Im Anschluss daran reflektieren die Beobachter das Gespräch erst allgemein und danach bezüglich ihrer Beobachtungsaufträge.

**Tipps**

Die Lehrkraft sollte sich die gesamte Zeit über im Hintergrund halten.
Bei Bedarf können Sie Positionskärtchen mit weiterführenden Argumenten, Hinweisen, Anweisungen oder Ereignissen einwerfen.

Beim Streitgespräch müssen die Diskussionspartner nicht die eigene Meinung vertreten. Es geht darum, in eine Rolle zu schlüpfen und eine Argumentation für einen Standpunkt aufzubauen, in den man sich hineinversetzt.

# 68 Unterrichtsgang

**Ausflug/Ausstellungs- oder Theaterbesuch**

„Ausflüge sollten regelmäßig unternommen werden, insbesondere in Monaten, in denen es keine Ferien gibt." Diese Aussage ist weit verbreitet. Ausflüge, die mit einer solchen Grundeinstellung unternommen werden, unterscheiden sich maßgeblich von Erkundungen, zu denen ich Sie hier motivieren möchte: Unterricht, bei dem der Klassenraum verlassen wird, um etwas anzuschauen, mit jemandem ins Gespräch zu kommen oder Stimmungen zu spüren. Eine Erkundung ist somit eine „Verlebendigung des Unterrichts" (vgl. Meyer 2008, S. 327).

## Ziele

Im Rahmen einer Erkundung gewinnen die Schüler reale Eindrücke von Natur- und Baudenkmälern, der Landschaft, der Tier- und Pflanzenwelt oder geografischen Besonderheiten. Sie lernen Persönlichkeiten aus verschiedenen Bereichen kennen: Experten, Behörden, soziale Einrichtungen oder Politiker (ebd.).
Neben dem Wissenserwerb erlangen die Schüler soziale Kompetenzen. Das soziale Klima im Klassenverband sowie die Selbsterfahrung im Umgang mit neuen Situationen werden gefördert. Erkundungen können Sie in allen Phasen des Unterrichts einsetzen.

Aufgrund der Vielseitigkeit von Erkundungsmöglichkeiten kann kein konkreter Ablaufplan vorgestellt werden. Meyer (2008, S. 327–334) nennt jedoch einige allgemeine Kriterien für die Vorbereitung und Durchführung von Erkundungen.

## Vorbereitung

Abgesehen von spontanen Erkundungen, zu denen es immer kommen kann (in der Nachbarschaft wird ein Kran errichtet, der Rettungshubschrauber landet, ein Naturphänomen ist zu beobachte usw.), sollten Sie Erkundungen langfristig planen und konkret vorbereiten. Beachten Sie dabei folgende Aspekte:

- An welcher Stelle oder in welcher Phase des Unterrichts ist die Erkundung sinnvoll?
- Welcher Ort/welche Person ist geeignet? Wohin soll die Erkundung gehen?

- ❒ Sind Öffnungszeiten zu berücksichtigen? Muss man sich anmelden?
- ❒ Wie lange dauert die Erkundung?
- ❒ Wie gelangt man zum Zielort?
- ❒ Wie soll die Arbeit am Exkursionsort durchgeführt werden?
- ❒ Welche Arbeitsmittel sind notwendig (Stifte, Arbeitsheft, Lupen, Maßbänder, Fernglas, Bestimmungsbücher usw.)?
- ❒ Welche zweite Begleitperson steht zur Verfügung?

  Je nachdem, inwieweit Klassen geöffnetes Arbeiten gewöhnt sind, ist es auch möglich, Teile der Vorbereitung an die Schüler abzugeben. Die Erkundung sollte außerdem inhaltlich, methodisch und emotional vorbereitet werden. Dazu gehört, dass die Schüler
  - → einen groben Überblick über Ziele und Themen der Erkundung erwerben,
  - → grundlegende Methodenkompetenzen zur Durchführung von Handlungen und zur Dokumentation der Ergebnisse besitzen und
  - → auf Gespräche mit Experten vorbereitet sind, d. h. Fragen notiert haben usw.

Beachten Sie außerdem die rechtliche Komponente. Dazu gehört in einigen Fällen, ein schriftliches Einverständnis der Erziehungsberechtigten einzuholen, Belehrungen zu verschiedenen Themen (z. B. Verkehrserziehung, Verhalten am und im Wasser) durchzuführen oder Sicherheitskontrollen (Fahrrad) vorzunehmen.

## So geht's

Der Tag der Erkundung sollte so gestaltet sein, dass nicht zu viel auf einmal besichtigt wird, sondern auch Zeit für freies Erkunden der Umgebung und zum Spielen bleibt. Außerdem sollte so viel Spontaneität möglich sein, dass unvorhergesehene Ereignisse oder Erkundungsgegenstände berücksichtigt werden können.

Den Schülern sollte es gestattet sein, Dinge zu sammeln und mitzunehmen. Natürlich ist darauf zu achten, dass sie keine verbotenen Dinge mitnehmen und dass sich die „Sammelwut" in Grenzen hält.
Ist die Erkundung nicht als abschließender Höhepunkt einer Unterrichtseinheit geplant, sollten Sie eine Auswertung durchführen. Dazu werden die gewonnenen

Erfahrungen am nächsten Schultag aufgegriffen. Dies kann mündlich oder schriftlich geschehen. Eine motivierende Auswertung ist in Form eines Artikels für die Schülerzeitung möglich. Auch ein Bericht im Tagebuch oder Portfolio ist denkbar. Dazu ist es schön, wenn die Schüler ihren Bericht mit Fotos ausgestalten können.

### Tipps

Besonders motivierende, aber in der Vorbereitung auch aufwändigere Erkundungen sind Rallyes, Schnitzeljagden und Stadtspiele. Ich beschreibe sie daher in der folgenden Idee gesondert.

## 69 Rallyes und Stadtspiele

„Lernen ist Erleben – Erleben ist Lernen"
Rallyes, Stadtspiele und Schnitzeljagden können der Erlebnispädagogik zugeordnet werden. Sie sind besonders motivierend und nachhaltig, da die Schüler sehr selbstständig handeln.

### Ziele

Die Schüler sind aufgefordert, verschiedene Aufgaben selbsttätig zu lösen. Dabei lernen sie, sich zu orientieren und Lösungsstrategien zu entwickeln, die ihnen auch im Alltag hilfreich sein können.

### Vorbereitung

Die Vorbereitung hängt sehr von der Art des Spiels ab. Viele Varianten erfordern ein Abstecken der Strecke mit „Schnitzeln" (Bändchen, Pfeilen, Kreide) sowie die Vorbereitung von zu lösenden Aufgaben.

Auf jeden Fall sollten Sie die Strecke sowie Besonderheiten und Gefahren gut kennen.

Bezug zur Außenwelt/Anwendung

So geht's

**Schnitzeljagd**
Bei der Schnitzeljagd folgt eine Gruppe Hinweisen, die vom Lehrer oder einer anderen Gruppe gelegt wurden. Ziel der Schnitzeljagd ist es, entweder die andere Gruppe zu finden oder am Ende zur Rätsellösung oder zu einem Schatz zu gelangen.

In der Schule könnten Schnitzeljagden bei Schulfesten oder zum Kennenlernen der Schule durchgeführt werden. Z. B. stellt das Klassentier oder Fibel-Maskottchen Rätsel oder Aufgaben, die gelöst werden müssen. Auch eine Stationsarbeit oder Lerntheke kann als Abschluss einer Einheit in Form einer Schnitzeljagd gestaltet werden.

**Stadtspiel (Rallye)**
Die Erkundung des Wohnortes ist in allen Rahmenplänen der Grundschule fester Bestandteil. Es ist wichtig, seinen Wohnort zu kennen und über Sehenswürdigkeiten sowie wichtige Persönlichkeiten Bescheid zu wissen. In meinen Augen ist am Ende dieser Einheit ein Stadtspiel obligatorisch.

Beim Stadtspiel laufen oder fahren die Schüler wichtige Stationen ab und lösen Aufgaben, durch die sie mehr über ihren Wohnort erfahren. Dabei lernen sie, sich mit einer Karte und evtl. dem öffentlichen Verkehrsnetz zurechtzufinden. Mittlerweile bieten viele Städte und Ortschaften kostenlose Stadtspiele im Internet an. Ein besonderes Stadtspiel wird von den Berliner Verkehrsbetrieben (BVG) angeboten: Dabei soll der eigene Kiez praktisch „erfahren" werden. Das Spiel läuft in Form eines Detektiv-Spiels ab: Ein Jugendlicher soll eine Bahn beschmiert haben und wird jetzt gesucht.

Tipps

Versuchen Sie, den Schülern so viel Freiheit (im abgesteckten Rahmen) zu lassen, wie es mit Ihrer Aufsichtspflicht vereinbar ist. Je selbstständiger sich die Schüler bewegen können und müssen, desto größer und nachhaltiger ist der Lernerfolg, da sie echte Verantwortung übernehmen müssen.

Lassen Sie sich schriftliche Einverständnisse der Eltern geben, dass die Schüler in kleinen Gruppen bekannte Orte selbstständig erkunden dürfen. Wichtigste Regel während des Spiels ist, dass die Gruppe sich nicht trennen darf. Erkunden Sie die Wege vorher genau und überlegen Sie, an welchen Stellen Gefahren lauern könnten. Wenn Sie ein Spiel aus dem Internet übernehmen, sollten Sie die Wege vorher testen.

# 70 Lernen mit Experten

Primärerfahrungen sichern das nachhaltige Lernen. Aus diesem Grund ist es förderlich, Fachleute aus anderen Berufsgruppen in den Unterricht mit einzubeziehen. Ein Expertenbesuch kann den erarbeiteten Inhalt anschaulich abschließen. Der Vorteil der Planung zum Abschluss liegt darin, dass die Schüler bereits mit dem Stoff vertraut sind und dadurch gezieltere Fragen stellen können.

### Ziele

Ziel ist es, den Schülern Primärerfahrungen zu ermöglichen und fachliche Fragen mit einem direkten Ansprechpartner aus dem Gebiet des Lernstoffs zu diskutieren. Durch die Beschäftigung mit dem Thema, dem Entwickeln von Fragen sowie dem Führen des Gesprächs wird außerdem ein sachgerechtes Informationsverhalten geübt.

### Vorbereitung

Sie und/oder die Schüler müssen dazu Kontakte zu unterschiedlichen Berufsgruppen haben oder aufbauen. Vorbereitend sollten Sie gemeinsam mit Ihrer Klasse überlegen, für welchen zeitlichen Rahmen der Experte zur Verfügung stehen soll und welche Fragen die Schüler ihm stellen wollen.

Vielleicht ist es auch möglich, einen außerschulischen Lernort mit einzubeziehen oder beim Experten zu hospitieren.

**So geht's**

Egal, ob der Experte angerufen wird, in die Klasse kommt oder sein Arbeitsplatz besichtigt wird – wichtig ist, dass die Schüler ein Konzept haben, was sie den Experten fragen und welche Dinge sie über ihn und seinen Arbeitsplatz wissen wollen.

Wenn die Schüler mit dem „Lernen mit Experten" noch nicht so vertraut sind, bietet es sich an, einen Bogen zu entwerfen, auf dem die Schüler festhalten, welches Bild sie bis jetzt haben und welche Fragen sie interessieren. Dieser Bogen stellt den Grundstock dar. Weitere Fragen können sich natürlich im Gespräch ergeben.

In höheren Klassen ist es auch denkbar, statt eines Wandertags einen Expertentag durchzuführen, an dem die Schüler Experten zu den von ihnen gewählten Themen besuchen können.

**Tipps**

Versuchen Sie, Expertenbefragungen in Ihrem Unterricht zu etablieren. Es muss nicht immer der „aufwändige" Besuch sein. Expertenbefragungen sollten vielmehr neben Literaturrecherche, Internet usw. eine Möglichkeit zur Wissensaneignung darstellen. Sie müssen nicht immer aufwändig inszeniert werden. Oft reicht auch ein Telefongespräch zwischen Experten und Schülern. Schön ist jedoch, den Experten in seiner Umwelt zu erleben.

# 71 Planspiel

Das Planspiel ähnelt dem Simulationsspiel, da eine Situation simuliert und nachgespielt wird. Mittlerweile gibt es einige große Planspiele, die über das Internet verfügbar sind.

**Ziele**

In allen Bereichen sollen Fähigkeiten und Kenntnisse möglichst realitätsnah erworben und angewandt werden.

### Vorbereitung

Je nach Art des Spiels ist die Vorbereitung sehr unterschiedlich. Es gibt Planspiele, die von kommerziell orientierten Instituten für den Schulunterricht angeboten werden. Ein weiterer Sektor sind wettbewerbsorientierte Planspiele von Firmen oder Institutionen, wie z. B. das wohl bekannteste „Planspiel Börse".

Heinz Klippert (1996) hat in einem Buch zehn Spielvorlagen zum sozialen, politischen und methodischen Lernen in Gruppen veröffentlicht.

### So geht's

Die Schüler schlüpfen in verschiedene Rollen und stellen eine Situation nach. Zur Darstellung gehören auch dynamische Veränderungen, Widerstände usw. Aus der Situation heraus müssen die Schüler auf diese reagieren und dementsprechend handeln.

Klippert liefert zu seinen Planspielen eine Problembeschreibung und Arbeitskarten, die die Grundlagen behandeln. Jede Gruppe erhält zudem Rollenkarten, auf denen die Ausgangslage erklärt ist. Eine Informationszeitung liefert den einzelnen Gruppen weitere vertiefende Sach- und Fachinformationen zu den Spielinhalten. Die Spielleitung erhält 10 Ereigniskarten, die sie nach Bedarf einsetzen kann, um dem Spielverlauf neue Impulse zu geben. Ein Planspiel geht in der Regel über mehrere Unterrichtsstunden, manchmal auch über mehrere Wochen.

### Tipps

Anbei einige Links zu Planspielen für die Klasse:

- **www.spun.de**
  Planspiel zur politischen Bildung, das eine Sitzungswoche der Vereinten Nationen simuliert
- **www.bildungsserver.de/Planspiele-zur-Berufswahl-fuer-den-Unterricht-2113.html**
  Seite des Deutschen Bildungsservers mit verschiedenen Planspielen

- **www.frederic-vester.de/deu/ecopolicy**
  Das Simulationsplanspiel Ecopolicy von Frederic Vester ist eine Weiterentwicklung des Spiels Ökopoly vom gleichen Herausgeber. Ecopolicy ist ein multimediales, kybernetisches Umweltspiel, das zum Ziel hat, vernetztes Denken zu fördern.

# 72 Theater- und Musikaufführungen

In den letzten Jahrzehnten hat das Theaterspielen in der Schule einen neuen Auftrieb erfahren. Viele Schulprojekte und pädagogische Modelle, die Vorbildcharakter haben, wie z. B. die Helene-Lange-Oberschule in Wiesbaden, haben das Theaterspiel als eine wichtige Form des Lernens für sich entdeckt. Das Theater ist eine ganzheitliche, handlungsorientierte Methode, denn es analysiert im Unterricht den Einsatz und die Wirkung theatraler Mittel, wie Körper, Stimme, Raum, Requisiten, Kostüm, Bühnenbild und Licht. Die Mittel werden in spielerischen Übungen erprobt und in Produktionen umgesetzt. In den Lehrplänen ist das Darstellende Spiel in allen Klassenstufen zu finden. Eine Einheit mit der Aufführung eines Theater- oder Musikstückes abzuschließen, motiviert die Schüler sehr.

## Ziele

Das Theaterspiel fördert die Kreativität der Schüler. Neben fachlichen Kompetenzen werden gesellschaftliche, emotionale und ästhetische Fähigkeiten ausgebildet. In den Inszenierungen können verschiedene Verhaltensmuster ausprobiert und gewonnene Erfahrungen auf das eigene Leben projiziert werden. Auf diese Weise werden Werte, Ansichten und Meinungen ausgebildet und gefestigt. Auch unterschiedliche soziale Kompetenzen werden durch die Interaktion geschult. Eine gute Theateraufführung erfordert von den Schülern zudem ein hohes Maß an Disziplin.

## Vorbereitung

Die Vorbereitung ist je nach Form und Größe der Aufführung sehr unterschiedlich. Während das Stegreiftheater praktisch ohne Vorbereitung auskommt, kann die Aufführung eines großen Theaterprojektes eine mehrmonatige Vorbereitungszeit erfordern.

**So geht's**

Es gibt verschiedene Spielformen, die sich für den Unterricht eignen. Einige Arten, die im Folgenden erwähnt werden, stelle ich Ihnen aufgrund ihrer Popularität und ihres Umfangs in eigenen Ideen vor.

- **Sketch**
  Sketche sind in allen Klassenstufen sehr beliebt. Für Kinder sind sie aufgrund der Kürze gut geeignet. Ältere Schüler erfreuen sich besonders an der Art des Humors, die zurzeit in verschiedenen Fernsehformaten aufgegriffen wird und dementsprechend der Lebenswelt der Schüler entspricht. Sketche sind außerdem mit relativ geringem Aufwand zu spielen. Deshalb können Sie sie auch als Vorübung oder Warm-up einsetzen, durch das spielerische und stilistische Merkmale erörtert und geübt werden.

- **Pantomime**
  Pantomime schaltet das Hauptkommunikationsmittel (der Schule), die Sprache, aus. Deshalb ist eine pantomimische Darstellung immer dann von Vorteil, wenn Begriffe oder Vorgänge dargestellt werden sollen. Besonders interessant ist die Umsetzung abstrakter Begriffe, da durch das Nonverbale die Körpersprache viel mehr Gewicht erhält. Pantomime können Sie zum Sammeln von Begriffen bei der Einführung eines neuen Themas nutzen. Eine weitere Möglichkeit ist die Vertiefung eines Themas, z. B. wenn Situationen wie ein Streit oder eine Bewerbung in einer Firma pantomimisch dargestellt und anschließend die Körpersprache ausgewertet werden.

- **Klassisches Theater**
  Soll das klassische Theater öffentlich aufgeführt werden, sind der zeitliche Aufwand und die Vorbereitung sehr intensiv.
  Vor Beginn muss entschieden werden, welche Art von Text zugrunde gelegt werden soll.

- Das literarische Theater greift auf **dramatische Vorlagen** zurück. Diese Form wird häufig von höheren Klassen gewählt. Achten Sie hier darauf, dass die Rollen den Schülern in Anzahl und Charakter entsprechen. Andernfalls muss das Stück bearbeitet werden.
- Eine weitere Möglichkeit ist die **Bearbeitung** einer Vorlage einer anderen Textgattung. Hier können alle Texte, wie z. B. Kinder- oder Jugendbuch, Roman, Hörspiel, Gedichte, Zeitungstexte, Nachrichten oder sogar Lieder als Vorlage für das Theaterstück dienen. Durch die Bearbeitung können Sie die einzelnen Rollen besser auf die Schauspieler abstimmen. Alle Rollen können zudem gleichmäßiger gestaltet werden. Diese Form lässt sich schon mit Grundschulkindern umsetzen, kann aber auch für höhere Klassen, die sich selbst mit dem Grundlagentext auseinandersetzen und diesen umschreiben, reizvoll sein.
- Die dritte Art stellt die **Eigenproduktion** dar. Sie ist sehr komplex und benötigt dementsprechend viel Zeit. Hierbei schreiben die Schüler selbst ein Stück, das sie anschließend schauspielerisch umsetzen. Dies ist sehr motivierend, da sich die Schüler stark mit ihrem eigenen Werk identifizieren und die Rollen genau auf die Schauspieler passen. Als Ausgangspunkt bieten sich Reizwörter, Themenblocks oder aktuelle Anlässe, z. B. aus Zeitungsmeldungen, an.

Folgende Möglichkeiten bieten sich zur Umsetzung in der Schule an:

- Stegreifspiel (Improvisationstheater)
- Puppen-/Figurentheater
- Schattenspiel
- Schwarzlichttheater
- Musical

Es gibt verschiedene Organisationsformen, wie Theaterspielen in der Schule umgesetzt werden kann.

- **Innerhalb einer Klasse während der Unterrichtszeit**
  Dabei bereiten Sie mit einer Klasse ein Stück vor und üben es ein. Diese Organisationsform ist organisatorisch gut durchführbar, wenn Sie viele Stunden in der Klasse unterrichten, die sie sich frei einteilen können.
  In höheren Klassen mit Fachunterricht können Sie entweder mit anderen Lehrern kooperieren oder müssen auf eine andere Form zurückgreifen.

- **Innerhalb einer Projektwoche**
  Dies ist wohl die verbreitetste Form, weil sie der Durchführung, die eine zentrierte Vorbereitung am Stück ohne Unterbrechung nach 45 Minuten fordert, entgegenkommt. Allerdings ist dazu ein höherer organisatorischer Aufwand nötig, weil Projektwochen mit den Kollegen abgestimmt werden müssen. Für eine größere Aufführung ist der Umfang von einer Woche zu kurz. Die Projektzeit muss dementsprechend ausgedehnt werden. Die Helene-Lange-Schule hat für ihre Theaterprojekte sogenannte Intensivphasen eingerichtet. In diesen vierwöchigen Phasen wird nur Theater gespielt. Es gibt weder Unterricht noch Klassenarbeiten oder Hausaufgaben. Trotz des fehlenden Fachunterrichts werden an der Schule sehr gute Lernleistungen erbracht (Riegel 2004).
- **Theaterkurs**
  An einigen Schulen ist es möglich, im Bereich Darstellendes Spiel Wahl- oder Pflichtkurse zu belegen. Bei dieser Variante üben die Schüler meist innerhalb eines Schul- oder Halbjahres ein Stück ein. Für Theaterkurse sind alle Spielformen geeignet.
- **Theater-AG**
  Im Gegensatz zu den oben beschriebenen Organisationsformen ist die Teilnahme an einer Arbeitsgemeinschaft außerhalb des Unterrichts freiwillig. Dementsprechend können Sie auch auf die Gruppengröße und die Gruppenzusammensetzung Einfluss nehmen.

Aufgrund der Komplexität der Idee ist es nicht möglich, die Vorgehensweise bei einer Theateraufführung näher zu beschreiben. Für größere Vorhaben auf diesem Gebiet sollten Sie auf folgende Literatur zurückgreifen:
Bany-Winters, Lisa: Theater-Spiel-Training für Kinder, Verlag an der Ruhr, Best.-Nr. 2565

**Tipps**

Die Unterrichtseinheit muss nicht unbedingt mit einem großen, aufwändigen Stück abgeschlossen werden. Häufig reicht es für die Motivation der Schüler aus, erarbeitete Inhalte vor einem kleinen Publikum preiszugeben. Dazu bietet sich die Idee Monatsabschluss/Forum an (vgl. Idee 28, S. 66).

# 73 Ausstellung

Ausstellungen haben für Schüler einen hohen Motivationscharakter, da die Arbeitsergebnisse einer breiten Öffentlichkeit zugänglich gemacht werden. Auch auf Schüler anderer Klassen können sie motivierend und anregend wirken.

## Ziele

Mit der intensiven Beschäftigung mit einem Thema und der anschließenden Veröffentlichung wird die Sachkompetenz der Schüler erweitert. Gleichzeitig werden durch die Arbeit in verschiedenen Sozialformen und mit unterschiedlichen Partnern soziale Kompetenzen geschult.

Während der einzelnen Phasen arbeiten die Schüler eigeninitiativ und handlungsorientiert, was wiederum nachhaltiges Lernen fördert.

Die Erarbeitung einer Ausstellung ist fächerübergreifend. Außerdem können die Schüler Spezialwissen erlangen und einbringen.

## Vorbereitung

Da eine Ausstellung immer öffentlich ist, sollte sie sorgfältig geplant und vorbereitet werden.

Klären Sie frühzeitig, wo die Ausstellung stattfinden soll und welche Räume zur Verfügung stehen. Vielleicht ist es möglich, einen öffentlichen Raum, z. B. in einer Bibliothek, im Rathaus oder anderen öffentlichen Gebäuden, zu erhalten. Klären Sie anschließend, welche technischen Möglichkeiten zur Verfügung stehen (Stromanschlüsse, Computer, Fernseher ...) und welche Präsentationsmöglichkeiten (Tische, Stellwände, Pinnwände, Vitrinen) vorhanden sind oder beschafft werden können. Achten Sie auch darauf, welcher Schutz vor Diebstahl oder Vandalismus getroffen werden kann (nur geschlossene Vitrinen, Texte und Bilder in Rahmen hinter Glas ...).

Wichtig ist, sich zu überlegen, welche Adressaten erreicht werden sollen. Dementsprechend muss die Ausstellung gestaltet werden. Außerdem ist davon abhängig, wann und auf welche Weise die Ankündigung vorgenommen wird. Auf jeden Fall ist ein frühzeitiger Hinweis sinnvoll.

Bezug zur Außenwelt/Anwendung

**So geht's**

Die Arbeit kann in drei Phasen eingeteilt werden:

1. **Vorbereitung**
   Zu Beginn sollten alle gemeinsam die Grundkenntnisse zum Themenkomplex wiederholen, um eine einheitliche Ausgangslage zu schaffen. Anschließend beraten die Schüler über die Teilthemen, die bearbeitet werden sollen.

   Im folgenden Schritt stehen die Arbeitstechniken im Mittelpunkt. Die Schüler überlegen, welche Techniken sie benötigen. Sollten Techniken noch nicht bekannt sein, werden sie an dieser Stelle besprochen. Höhere Klassen könnten auf diese Weise in die Archivarbeit eingeführt werden. Bei einigen Themen bietet es sich an, einen Experten einzuladen oder Expertengespräche zu führen. Auch diese sollten hier vorbereitet werden. Dann finden sich die Schüler in Gruppen zusammen. Jede Gruppe bearbeitet einen eigenen Themenkomplex, sodass es nicht zu Dopplungen oder Überschneidungen kommt.

   Die Gruppenmitglieder recherchieren nun in ihrem Themenbereich. Sie legen eine Materialsammlung mit Texten, Bildern, Grafiken und, je nach Thema, realen Gegenständen an.

   Die Vorbereitungsphase wird mit einem Plenum oder Kreis abgeschlossen. Dort stellen die einzelnen Gruppen ihre Teilergebnisse vor, um sicherzugehen, dass es keine Dopplungen gibt und keine wichtigen Fakten offen gelassen wurden.

   Außerdem einigen sich an dieser Stelle alle auf ein gemeinsames Layout. Dazu stellen die Schüler verschiedene Varianten vor, diskutieren darüber und stimmen schließlich ab.

2. **Ausstellungsplanung**
   In dieser Phase wird die Materialsammlung aufgearbeitet. Je nach Thema schreiben die Schüler Texte, führen Interviews durch, fotografieren, bauen Modelle, filmen oder führen Reportagen durch. Wichtig dabei ist, dass Bildmaterial und ergänzende Materialien immer das Thema unterstützen. Abschließend bereiten die Schüler die Ausstellungsgegenstände vor (z. B. Poster erstellen, Gegenstände beschriften, Fotos aufkleben …).

3. **Ausstellungsaufbau/Eröffnung**
   Im letzten Schritt wird die Ausstellung aufgebaut. Achten Sie darauf, dass alle Schüler mit eingebunden sind. Alternativ könnte eine Schülergruppe die Ausstellung aufbauen, eine weitere Flyer entwerfen und verteilen, während eine dritte Gruppe die Eröffnungsveranstaltung plant. Insbesondere bei einer größeren Ausstellung oder bei einer Ausstellung in einem öffentlichen Gebäude sollte unbedingt eine Eröffnungsveranstaltung stattfinden. Dabei sollten die Schüler eine Einführung in die Ausstellung sowie in die Darstellung der eigenen Arbeit geben. Eventuell gibt es noch weitere Redner (Schulleiter, Leiter der ausstellenden Einrichtung, Kommunalpolitiker). Daneben wäre ein Rahmenprogramm denkbar (z. B. Musikstück, Getränkeausschank, kleines Büfett).

Die Ausstellung sollte wenigstens zu bestimmten Zeiten betreut werden. Dies können an verschiedenen Tagen unterschiedliche Schüler übernehmen.

**Tipps**

Eine Ausstellung ist eine Veranschaulichung eines Themas. Dementsprechend sollten die Texte kurzgehalten und möglichst viele Anschauungsmaterialien vorhanden sein. Vielleicht ist es möglich, einen interaktiven oder kreativen Teil einzubauen, bei dem die Besucher selbst tätig werden können.

## 74 Feste und Feiern

Auch ein Fest oder eine Feier können am Abschluss einer Unterrichtseinheit stehen. Insbesondere der Reformpädagoge Peter Petersen maß dem gemeinsamen Feiern einen hohen pädagogischen Wert zu und räumte ihm feste Zeiten ein.

### Ziele

Die gemeinsame Feier bietet einen Höhepunkt bei der Präsentation der Unterrichtsinhalte. Auf der einen Seite werden die Ergebnisse vor einem

Publikum präsentiert, auf der anderen Seite erfolgen eine Würdigung und Belohnung durch das fröhliche Feiern.

### Vorbereitung

Die Vorbereitung hängt sehr von der Art der Feier ab. Überlegen Sie sich, welcher Rahmen für eine Feier angemessen ist. Wer hatte einen Anteil an der Erarbeitung? Für wen ist die Präsentation interessant?

### So geht's

- **Feste und Feiern im Klassenrahmen:** Diese Art bietet sich an, wenn z. B. Feste anderer Kulturen besprochen werden. So könnte z. B. im Religionsunterricht ein jüdisches Passah-Fest nachgefeiert werden.
  Besonders nachhaltig wird das Fest, wenn Personen aus der betreffenden Kultur eingeladen werden (vgl. „Lernen mit Experten", Idee 70, S. 124).
- **Feste und Feiern auf Jahrgangsstufenniveau:** Wir haben in meiner Schule regelmäßig die Unterrichtseinheit zum Thema Geld in den jahrgangsübergreifenden 1./2. Klassen mit einem Flohmarkt abgeschlossen: Jeder Schüler durfte in Absprache mit seinen Eltern Kleinigkeiten aus seinem Zimmer mitbringen, die er verkaufen will. Außerdem brachte jeder Schüler 2 Euro in kleinen Münzen mit. Ein einzelner Artikel durfte nicht mehr als 50 Cent kosten. In der ersten Schulstunde wurden die Tische vorbereitet (die Schüler ordneten sich in Gruppen ein, damit einige die Stände betreuten, während andere herumgingen). In der 2. und 3. Stunde war der Flohmarkt geöffnet und in der 4. Stunde wurde aufgeräumt und der Tag ausgewertet. Der Flohmarkt war für die Schüler immer ein krönender Abschluss der Einheit. Es war spannend, zu sehen, wie schon bei den Kindern verschiedene Charaktere auszumachen waren. Es gab Kinder, die sofort ihr ganzes Geld ausgaben, und Kinder, die „reich" nach Hause gingen, weil sie alles angespart und nichts ausgegeben, aber gleichzeitig viel verkauft hatten. Wieder andere häuften einen Berg an neuen Spielsachen an.
- **Feiern mit Eltern:** Bei dieser Variante werden die Arbeitsergebnisse nur einem kleinen Publikum, nämlich Eltern und Verwandten präsentiert. Hierfür bietet sich die Erarbeitung kurzer musikalischer Beiträge, eines kleinen Theaterstücks oder von Sketchen an. Es könnte aber auch ein „Wissen-

schaftsnachmittag" durchgeführt werden, an dem die Schüler naturkundliche Phänomene, die erarbeitet wurden, vorstellen. Diese Variante motiviert die Schüler stark, da sie ihren Eltern Inhalte präsentieren können. Gleichzeitig ist der Aufwand überschaubar.

- **Schulinterne Feste und Feiern:** Diese Art von Festen können einen Projekttag oder eine Projektwoche abschließen. Meist haben alle Schüler zu einem Oberthema gearbeitet (z. B. Schulzirkus, Leben in anderen Ländern, Fußball-WM, Olympische Spiele ...). Auf dem Fest treffen sich alle, um ihre Ergebnisse zu präsentieren.
  Das Fest wird besonders spannend und vielseitig, wenn die Ergebnisse unterschiedlich sind: Einige Klassen bieten Spiele an, andere verwöhnen die Besucher kulinarisch, es gibt musikalische Beiträge und vielleicht auch eine Zeitung. Zu dieser Art von Festen bietet es sich auch an, Eltern einzuladen.
  Eine andere Variante einer schulinternen Feier ist der Monatsabschluss oder das Forum. Da es sich hierbei in erster Linie um eine reine Ergebnispräsentation handelt, beschreibe ich sie in einer eigenen Idee (vgl. Idee 28, S. 66)
- **Schulübergreifende Feste und Feiern:** Hierbei schließt sich die Schule anderen zu einem bestimmten Oberthema an: Dies könnte sowohl der Geburtstag der Gemeinde als auch ein Umwelttag sein. In der vorangehenden Unterrichtseinheit beschäftigen sich die Schüler mit dem Oberthema. Abschließend werden, wie auch bei schulinternen Festen und Feiern, die möglichst unterschiedlichen Beiträge präsentiert.

### Tipps

Pflegen Sie eine Fest- und Feier-Kultur. Versuchen Sie, die Schüler und andere Personen in organisatorische Aufgaben mit einzubinden, sodass Aufwand und Nutzen im Lot bleiben.

# 75 Schülerfirma

Im Gegensatz zum Planspiel (vgl. Idee 71, S. 125) bieten die Schüler in einer Schülerfirma echte Dienstleistungen an. Die Schüler wenden damit in einer Einheit erarbeitete Strukturen an und erproben sie somit.

## Ziele

Mit der Einrichtung einer Schülerfirma werden Verknüpfungen zwischen Schule und Wirklichkeit hergestellt. Auf diese Weise werden die Schüler an ökonomische, ökologische und gesellschaftliche Zusammenhänge herangeführt.

## Vorbereitung

Eine Schülerfirma kann im normalen Klassenunterricht, im Wahlpflichtbereich oder als freiwillige Arbeitsgemeinschaft gegründet und betrieben werden. Schülerfirmen sind in fast allen Schulformen denkbar: von Förderschulen, Haupt-, Real- und Gesamtschulen über Gymnasien bis hin zu Berufsbildenden Schulen.

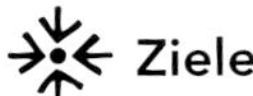

## So geht's

Allgemeine Hinweise
Zu Beginn steht eine Geschäftsidee, die im besten Fall die Schüler selbst finden. Die Idee sollte möglichst einfach sein. Hilfreiche Fragen dafür sind:

- Was können wir gut?
- Was fehlt bei uns in der Schule oder in unserem Umfeld?
- Was können wir in unseren räumlichen Gegebenheiten leisten?

Eine Schülerfirma kann sich auf Produkte oder Dienstleistungen konzentrieren. Beispiele für produktorientierte Schülerfirmen sind:

- Kuchen-/Brötchenverkauf an der Schule
- Schulmilchverkauf
- Catering
- Herstellung von Marmeladen/Ölen/Cremes aus dem Schulgarten
- Herstellung von Holzprodukten
- Herstellung von „Giveaways" für örtliche Firmen

Beispiele für Dienstleistungen können sein:

- Hunde-Ausführ-Dienst
- Einkaufsdienst und kleinere Reparaturen für ältere Menschen in der Umgebung
- Überspielen von alten VHS-Kassetten auf DVD oder Digitalisierung von Schallplatten und Kassetten
- Fahrradwerkstatt
- Autoreinigung

**Rechtliches**

Schülerfirmen agieren unter dem Dach der Schule, d. h. zwischen Schulleitung und Schülern wird eine schriftliche Vereinbarung getroffen. Die versicherungstechnischen Bedingungen verhalten sich wie bei einer Klassenfahrt oder einem Praktikum. Auch der Förderverein kann als Träger für die Schülerfirma agieren. Der Schülerfirma sollte ein aufsichtsführender Lehrer zugeteilt sein. Bei minderjährigen Teilnehmern müssen die Eltern die Teilnahme schriftlich genehmigen.

**Finanzen**

Einnahmen und Ausgaben müssen sorgfältig dokumentiert werden. Schülerfirmen als Schulprojekte dürfen einen jährlichen Umsatz von 30 678 Euro nicht übersteigen. Ansonsten wird die Schülerfirma umsatzsteuerpflichtig. Körperschaftssteuern, eventuell auch Gewerbesteuern, würden anfallen, wenn der Gewinn 3 835 Euro übersteigt. Unter dem Dach des Fördervereins zählen die Umsätze aller Schülerfirmen zu den wirtschaftlichen Tätigkeiten des Vereins und müssen entsprechend besteuert werden.

**Rolle des Lehrers**

Vor dem Projektstart sollten Sie die Möglichkeiten der Durchführbarkeit einer Idee abwägen. Dazu gehört insbesondere auch das Abchecken des zeitlichen Aufwands, der mit der Arbeit der Firma verbunden ist. Stehen Sie in der Durchführungsphase den Schülern beratend zu Seite. Eventuell ist es auch möglich, Eltern oder Personen aus dem Förderverein zur Unterstützung zu gewinnen. Vielleicht bringen sich auch ehemalige Schüler ein.

**Tipps**

Versuchen Sie, lokale Unternehmen als Kooperationspartner oder Paten zu gewinnen. Sie profitieren vom Fachwissen des Partners und der Partner findet eventuelle Praktikanten oder Auszubildende. Mittlerweile gibt es im Internet eine Vielzahl von Anregungen und Unterstützungen für Schülerfirmen. Das größte Portal ist wohl www.juniorprojekt.de. Außerdem gibt es Wettbewerbe und Planspiele, an denen man mit der Schülerfirma oder mit dem Konzept der Schülerfirma teilnehmen kann.

# 76 Patenschaft

Es ist ein großer Unterschied, mit Schülern über Verantwortungsbewusstsein und soziales Verhalten zu sprechen oder wirklich etwas zu tun.

Die Übernahme einer Patenschaft fördert das gesellschaftliche Miteinander und weckt das Interesse am anderen.

**Ziele**

Die Schüler lernen, sich in andere hineinzuversetzen, Empathie zu entwickeln und Verantwortung für ihre Umwelt und Mitmenschen zu übernehmen.

**Vorbereitung**

Erkundigen Sie sich, in welchen Bereichen es möglich ist, eine Patenschaft zu übernehmen. Achten Sie darüber hinaus darauf, über welchen Zeitraum Patenschaften übernommen werden können und mit welchem Aufwand die Übernahme verbunden ist (Pflege in den Ferien, Finanzierung, nachdem die Klasse einen Lehrerwechsel hatte ...).

**So geht's**

Passend zum Unterrichtsthema können von Einzelnen oder der ganzen Klasse Patenschaften übernommen werden. Beispiele hierfür könnten sein:

- Thema „Meine Schule und ich“: Klassenpatenschaften innerhalb der Schule (Große helfen den Kleinen) oder mit Nachbarschulen
- Thema „Umwelt“: Pflege eines Baumes/regelmäßige Müllbeseitigung in einem Park
- Thema „Heimtiere“, „Tiere in der Stadt“: Patenschaft mit dem Tierheim, Hilfe beim Füttern von Kleintieren, Ausmisten, regelmäßiges Gassigehen
- Thema „Kinder hier und anderswo“: Patenklasse mit einer Schule im Ausland, Patenkind einer Hilfsorganisation, Sammlung für die Aktion „Tafel“ oder „Weihnachten im Schuhkarton“
- Thema: „Generationsprojekt“: Patenschaft mit einem Seniorenheim (Kinder kommen zum Singen und Spielen, Senioren lesen vor …), Patenschaft mit Kitas in der Umgebung
- Thema: „Alle sind anders“: Patenschaft mit einer Behinderteneinrichtung, z. B. Blindenschule o. Ä.

Egal für welche Art von Patenschaft Sie sich entscheiden, das Thema sollte gut vorbereitet sein, damit die Schüler zumindest erahnen, dass es nicht nur um eine einmalige, kurze Hilfe, sondern um eine zuverlässige, längerfristige Verantwortung geht, auf die sich der andere verlässt. Wählen Sie außerdem die Patenschaft so, dass die Kinder nicht überfordert werden und die Lust verlieren. Bringen Sie die Patenschaft immer wieder ins Bewusstsein und fördern Sie es, dass die Schüler sich dafür einsetzen (z. B. einen Flohmarkt organisieren oder einen Kuchenverkauf).

## Tipps

Es muss nicht immer ein riesiges Projekt im Ausland sein. Um zu lernen, wie man Verantwortung übernimmt, ist häufig schon ein kleines Projekt in Schulnähe geeignet. Informieren Sie die Eltern früh genug über Ihr Vorhaben. So wohlgemeint eine Patenschaft auch ist: Nicht alle teilen den gleichen Eifer und haben den gleichen Unterstützungswillen. Vielleicht sind Eltern der Meinung, andere Projekte oder Dinge bräuchten die Hilfe nötiger. Als ich in einem Jahr mit meiner Klasse an der Aktion „Weihnachten im Schuhkarton“ teilnahm, sagte ein Kind, dass seine Eltern nicht mitmachen wollen, weil sie genauso wenig hätten. Akzeptieren Sie solche Einstellungen und machen Sie den Schülern klar, dass Hilfsbereitschaft immer nur freiwillig sein und nicht erzwungen werden kann. Verurteilen Sie auf keinen Fall Personen, die nicht teilnehmen oder eine andere Einstellung haben.

# 77 Wettbewerbsteilnahme

Wettbewerbe sind ein guter Anlass, Unterrichtsergebnisse öffentlich zu machen. Der Wettbewerbscharakter steigert die Motivation. Vielleicht schweißt ein gemeinsam gewonnener Preis sogar die Klasse noch enger zusammen.

## Ziele

Durch die Wettbewerbsteilnahme werden die Schüler motiviert, sich mit einem Thema intensiv auseinanderzusetzen und ergebnisorientiert zu arbeiten. Der Anreiz der Veröffentlichung und der Wettbewerbsaspekt können dazu führen, dass die Schüler sorgfältiger und ausdauernder arbeiten.

## Vorbereitung

Die Vorbereitung hängt stark von der Art des Wettbewerbs statt.

## So geht's

Auch die Durchführung ist, je nach Wettbewerb, sehr unterschiedlich.
Halten Sie die Augen offen, welche Wettbewerbe für Ihre Klassenstufe angeboten werden: Viele Ausschreibungen gehen postalisch über das Sekretariat oder die Fachbereichsleitungen in den Schulen ein. Informieren Sie die Verantwortlichen, dass Sie Interesse an Ausschreibungen haben. Auch per E-Mail und im Internet findet sich eine große Anzahl an Angeboten. Achten Sie neben den großen Wettbewerben, die häufig jährlich stattfinden, auch auf kleine, regionale Ausschreibungen, z. B. von der Stadtbibliothek oder örtlichen Anbietern.
Anbei einige größere Wettbewerbe für Grundschulen:

- Die Stiftung Lesen bietet eine Vielzahl unterschiedlicher Wettbewerbe im Deutschbereich an. Bei den meisten Wettbewerben erhalten alle Schüler/Klassen Teilnahmeurkunden oder Trostpreise.
  www.stiftunglesen.de/programme/schule/grundschule/
- Känguru der Mathematik: großer, bundesweiter Mathematikwettbewerb, der zentral an Schulen läuft, alle Kinder erhalten eine Teilnahmeurkunde.
  www.mathe-kaenguru.de

- Die Deutsche Post bietet unter der Rubrik „Post und Schule" quartalsweise Wettbewerbe rund ums Thema Post an, bei denen gemalt und geschrieben werden muss.
  www.deutschepost.de/de/p/post-und-schule/wettbewerb.html
- Spielen macht Schule: eine Initiative, die das Spielen im Unterricht fördern will. www.spielen-macht-schule.de
- Wettbewerb der Bundeszentrale für politische Bildung, Wettbewerb zu sozialen und geschichtlichen Themen, ab Klassenstufe 4.
  www.bpb.de/lernen/schuelerwettbewerb

Auf dem Deutschen Bildungsserver gibt es außerdem eine aktuelle Auswahl an Wettbewerben: www.bildungsserver.de/wettbew.html
Im SchulWeb finden sich außerdem Wettbewerbe (Webbewerbe), die nur Online ausgeschrieben sind:
www.schulweb.de/de/webbewerbe/index html?kategorie=webbewerbe

**Tipps**

Versichern Sie sich vor der Teilnahme, dass mit Daten von Schülern vertraulich umgegangen wird. Wettbewerbe, die nur als Produktwerbung gedacht sind, sollten Sie meiden!

# Ideenfinder

| Nr. | Idee | für Klasse | besonders geeignet für: Inklusion[1] | SaPH | Fächer | besonders geeignet als: Stunden-abschluss | Abschluss eines Themas | Aufwand | Seite |
|---|---|---|---|---|---|---|---|---|---|
| **Ergebnissicherung** | | | | | | | | | |
| 1 | Mündliche Zusammen-fassung | 1–4 | | | alle | X | X | + | 14 |
| 2 | Schriftliche Zusammen-fassung | 2–4 | | | alle | X | | + | 15 |
| 3 | Simultanprotokoll | 3–4 | X | | | X | X | + | 16 |
| 4 | Protokoll | 3–4 | | | alle | X | | + | 18 |
| 5 | Eigene Aufgaben entwickeln | 1–4 | X | X | Mu, D | X | X | + | 20 |
| 6 | Gesprächskreis | 1–4 | X | X | alle | X | | + | 21 |
| 7 | Lehrfilm | 1–4 | | | SU, D, FS | X | X | + | 23 |
| 8 | Kartenabfrage | 2–4 | | | alle | X | X | + | 25 |
| 9 | Stopp! | 2–4 | | | SU, D | X | X | + | 26 |
| 10 | Löschaktion | 3–4 | | | D, SU | X | | + | 26 |
| 11 | Domino | 2–4 | X | | MA, D, SU | X | | + | 27 |
| 12 | Lernsoftware | 1–4 | X | X | alle | X | X | + | 28 |
| 13 | ABC-Methode | 1–4 | X | X | alle | | X | + | 29 |
| 14 | Abfragen | 1–4 | | | alle | X | X | + | 30 |
| 15 | Fishbowl | 3–4 | X | | alle | X | X | + | 31 |
| **Präsentationsformen** | | | | | | | | | |
| 16 | Schülervortrag | 1–4 | X | X | alle | | X | + | 33 |
| 17 | Referat | 2–4 | X | | alle | | X | ++ | 36 |
| 18 | Handout | 3–4 | | | alle | | X | + | 40 |
| 19 | Poster | 1–4 | X | | alle | | X | + | 42 |
| 20 | PowerPoint-Präsentation | 3–4 | X | | alle | | X | ++ | 43 |
| 21 | Fotoreportage | 1–4 | X | X | alle | | X | ++ | 47 |
| 22 | Film drehen | 2–4 | X | | alle | | X | ++ | 48 |
| 23 | Bauen von Modellen | 1–4 | X | X | alle | | X | ++ | 53 |

| Nr. | Idee | für Klasse | besonders geeignet für: Inklusion[1] | besonders geeignet für: SaPH | Fächer | besonders geeignet als: Stunden-abschluss | besonders geeignet als: Abschluss eines Themas | Aufwand | Seite |
|---|---|---|---|---|---|---|---|---|---|
| 24 | Selbst gestaltete Bücher | 1–4 | X | X | D, SU, MU, MA | | X | + | 55 |
| 25 | Wandzeitung/Collage/ Wandfries | 2–4 | | | alle | X | X | + | 58 |
| 26 | Litfaßsäule | 2–4 | X | | alle | X | X | + | 60 |
| 27 | Szenisches Lernen | 1–4 | X | X | D, SU, FS | X | X | ++ | 62 |
| 28 | Monatsabschluss/ Forum | 1–4 | X | X | alle | | X | ++ | 66 |
| **Rituale** | | | | | | | | | |
| 29 | Verabschieden | 1–4 | X | X | alle | X | X | + | 68 |
| 30 | Lied | 1–4 | X | X | alle | X | X | + | 70 |
| 31 | Abschlusskreis | 1–4 | X | X | alle | X | X | + | 72 |
| 32 | Entspannungs- und Ruheübungen | 1–4 | X | X | allg. | X | | + | 74 |
| 33 | Massage | 1–4 | X | X | allg. | X | | + | 76 |
| 34 | Aufräumen | 1–4 | X | X | alle | X | X | + | 79 |
| 35 | Briefkastenleerung | 1–4 | X | X | allg. | X | X | + | 81 |
| **Spiele zum Abschluss** | | | | | | | | | |
| 36 | Klatschrunde | 2–4 | | | allg. | X | | + | 82 |
| 37 | Buchstabensalat | 2–4 | X | | D | X | | + | 83 |
| 38 | Tafelfußball/Fußballquiz | 1–4 | X | X | alle | X | X | + | 84 |
| 39 | Abfrage-Quiz | 1–4 | X | X | SU, FS, D | X | X | + | 86 |
| 40 | Lehrer gegen Schüler | 2–4 | | | MA, D | X | | + | 86 |
| 41 | Lebendige Buchstaben | 2–4 | X | | alle | X | X | + | 87 |
| 42 | Lebendiges Memo-Spiel | 1–4 | X | X | D, MA, FS, allg. | X | | + | 88 |

| Nr. | Idee | für Klasse | besonders geeignet für: Inklusion[1] | besonders geeignet für: SaPH | Fächer | besonders geeignet als: Stundenabschluss | besonders geeignet als: Abschluss eines Themas | Aufwand | Seite |
|---|---|---|---|---|---|---|---|---|---|
| 43 | Bankrutschen | 1–4 | | | MA, FS, D, SU | X | | + | 89 |
| 44 | Bingo | 2–4 | X | | MA, FS | X | | + | 90 |
| 45 | Tabu | 2–4 | X | | SU, FS, D, MA, | X | | + | 91 |
| 46 | Jeopardy | 3–4 | X | | allg. | | X | ++ | 92 |
| 47 | Wissensrennen | 1–4 | X | X | alle | | X | + | 93 |
| **Reflexion und Feedback** | | | | | | | | | |
| 48 | Fragen oder Interview | 1–4 | X | X | alle | X | X | + | 95 |
| 49 | Fotofeedback | 1–4 | X | X | alle | X | X | + | 97 |
| 50 | Gefühlskarten | 1–4 | X | X | alle | X | X | + | 98 |
| 51 | Der heiße Stuhl | 1–4 | X | X | alle | X | X | + | 99 |
| 52 | Blitzlicht | 1–4 | X | X | alle | X | X | + | 100 |
| 53 | Top, Flop, weg | 2–4 | X | | alle | X | X | + | 101 |
| 54 | Like/Dislike | 1–4 | X | X | alle | X | X | + | 101 |
| 55 | Punkteabfrage | 1–4 | X | X | alle | X | X | + | 102 |
| 56 | Thematischer Stopptanz | 1–4 | | X | alle | X | X | + | 103 |
| 57 | Checkout | 3–4 | X | | alle | X | X | + | 105 |
| 58 | Zielscheibe | 2–4 | X | | allg. | X | X | + | 106 |
| 59 | Feedback-Würfel | 1–4 | X | X | allg. | X | X | + | 108 |
| 60 | Körperhaltung | 2–4 | X | | alle | X | X | + | 110 |
| 61 | Stille Diskussion | 3–4 | X | | alle | X | X | + | 110 |
| 62 | Wetterbericht | 1–4 | X | X | allg. | X | X | + | 112 |
| 63 | Stärken zeigen | 1–4 | X | X | allg. | X | X | + | 114 |
| 64 | Ich schenke dir ein gutes Wort | 3–4 | X | | allg. | | | + | 115 |

| Nr. | Idee | für Klasse | besonders geeignet für: Inklusion[1] | SaPH | Fächer | besonders geeignet als: Stunden-abschluss | Abschluss eines Themas | Aufwand | Seite |
|---|---|---|---|---|---|---|---|---|---|
| 65 | Erinnerungsbrief | 3–4 | X | | allg. | | | + | 116 |
| 66 | Lehrerzeugnis | 2–4 | X | | allg. | | | + | 117 |
| **Bezug zur Außenwelt/Anwendung** | | | | | | | | | |
| 67 | Streitgespräch/ Diskussion | 3–4 | | | SU, D | | X | + | 118 |
| 68 | Unterrichtsgang | 1–4 | | X | alle | | X | ++ | 120 |
| 69 | Rallyes und Stadtspiele | 3–4 | | | SU | | X | ++ | 122 |
| 70 | Lernen mit Experten | 1–4 | X | X | SU | | X | ++ | 124 |
| 71 | Planspiel | 3–4 | | | SU | | X | ++ | 125 |
| 72 | Theater- und Musikaufführungen | 1–4 | X | X | MU, D, FS | | X | ++ | 127 |
| 73 | Ausstellung | 1–4 | X | X | SU, FS, D, MA | | X | ++ | 131 |
| 74 | Feste und Feiern | 1–4 | X | X | alle | | X | ++ | 133 |
| 75 | Schülerfirma | 3–4 | | | SU | | X | ++ | 136 |
| 76 | Patenschaft | 2–4 | | | SU | | X | ++ | 138 |
| 77 | Wettbewerbsteilnahme | 1–4 | X | X | alle | | X | ++ | 140 |

[1] *Alle Ideen sind für Inklusion geeignet – die gekennzeichneten Ideen eignen sich in besonderem Maße.*

## Abkürzungen

**allg.** für allgemeine Phasen geeignet
**FÜ** fächerübergreifend oder für nahezu alle Fächer geeignet
**FS** Fremdsprachenunterricht
**D** Deutsch
**Ma** Mathematik
**Mu** Musik
**Ku** Kunst
**Rel/Lk** Religion/Lebenskunde
**SaPh** Schulanfangsphase
**Su** Sachunterricht

\+ *einfach umsetzbar*
++ *mit etwas Aufwand verbunden*

# Alphabetisches Verzeichnis der Ideen

## Alphabetisches Verzeichnis der Ideen

## Alphabetisches Verzeichnis der Ideen

*Bannach, Michael; Sebold, Lydia;* Wehmeyer, Brigitte:
**Wege zur Öffnung des Unterrichts.**
Oldenbourg Verlag, München 1997.

*Deister, Marion; Horn, Reinhard:*
**Streichelwiese. Ganzheitliche Körpererfahrung für Kinder. Geschichten, die mit den Fingern erzählt werden.**
Kontakte Musikverlag, Lippstadt 2004.

*Erichson, Christa:*
**8 Tage durch 4 Freunde macht 2 Negerküsse.**
In: Die Grundschulzeitschrift. Heft 22, Friedrich Verlag, Seelze 1989, S. 12–16.

*Erichson, Christa:*
**Von Lichtjahren, Pyramiden und einem regen Wurm. Erstaunliche Geschichten, mit denen man rechnen muss.**
Verlag für pädagogische Medien, Hamburg 1992.

*Ferrarÿ, Alexandra:*
**111 Ideen für den geöffneten Unterricht.**
Verlag an der Ruhr, Mülheim an der Ruhr 2012.

*Ferrarÿ, Alexandra:*
**77 motivierende Unterrichtseinstiege.**
Verlag an der Ruhr, Mülheim an der Ruhr 2013.

*Ferrarÿ, Alexandra:*
**Starthilfe für das 1. Schuljahr.**
Verlag an der Ruhr, Mülheim an der Ruhr 2011.

*Ferrarÿ, Alexandra:*
**Wochenplanarbeit in der Grundschule.**
Verlag an der Ruhr, Mülheim an der Ruhr 2010.

*Grell, Jochen und Monika:*
**2000 Unterrichtsrezepte.**
Beltz Verlag, Weinheim/Basel 2010.

*Greving, Johannes; Paradies, Liane:*
**Unterrichts-Einstiege.**
Cornelsen-Scriptor, Berlin 2011.

*Hörsgen, Enno; Metzger, Klaus (Hrsg.):*
**45 Ideen nicht nur zum Unterrichtsbeginn.**
Cornelsen, Berlin 2012.

*Klippert, Heinz:*
**Planspiele. Spielvorlagen zum sozialen, politischen und methodischen Lernen in Gruppen.**
Beltz, Weinheim/Basel 1996.

*Meyer, Hilbert:*
**Leitfaden zur Unterrichtsvorbereitung.**
Cornelsen-Scriptor, Frankfurt am Main 1996.

# Quellenverzeichnis


*Meyer, Hilbert:*
**Unterrichtsmethoden. Theorieband.**
Cornelsen-Scriptor, Frankfurt am Main 2011a.

*Meyer, Hilbert:*
**Unterrichtsmethoden. Praxisband.**
Cornelsen-Scriptor, Frankfurt a. M. 2011b.

*Mittelstädt, Holger:*
**Unterrichtsvorbereitung. Strategien, Tipps und Praxishilfen.**
Verlag an der Ruhr, Mülheim an der Ruhr 2010.

*Morgenthau, Lena:*
**Was ist Offener Unterricht? Wochenplan und Feie Arbeit organisieren.**
Verlag an der Ruhr, Mülheim an der Ruhr 2003.

*Riegel, Enja:*
**Schule kann gelingen. Wie unsere Kinder wirklich fürs Leben lernen.**
Fischer Verlag, Frankfurt am Main 2011.

*Stern, Elsbeth:*
**Schubladendenken, Intelligenz und Lerntypen.**
In: Friedrich Jahresheft 2004, Seelze.

*Thömmes, Arthur:*
**Unterrichtseinheiten erfolgreich abschließen. 100 ergebnisorientierte Methoden für die Sekundarstufen.**
Verlag an der Ruhr, Mülheim an der Ruhr 2006.